JUDICIALIZAÇÃO DA SAÚDE

Custeio dos Tratamentos Experimentais

pelo Estado

Letícia Alonso

Prefácio
Luciana Gaspar Melquíades Duarte

JUDICIALIZAÇÃO DA SAÚDE

Custeio dos Tratamentos Experimentais

pelo Estado

Juiz de Fora
2018

A454j
1. ed.

ALONSO, Letícia

Judicialização da saúde: custeio dos tratamentos experimentais pelo
Estado/ Letícia Alonso; prefácio de Luciana Gaspar Melquíades Duarte.
Juiz de Fora: CreateSpace, 2018.

216 p.
ISBN 978-17-2302-852-6

1. Neoconstitucionalismo. 2. Pós-positivismo. 3. Tratamentos
Experimentais. 4. Tratamentos Novos. 5. ANVISA.

CDD: 341
CDU: 342

Informação bibliográfica deste livro, conforme a NBR 6023 da Associação
Brasileira de Normas Técnicas (ABNT):

ALONSO, Letícia. **Judicialização da saúde: custeio dos tratamentos
experimentais pelo Estado.** Juiz de Fora: CreateSpace, 2018. 216 p. ISBN
978-17-2302-852-6

Dedico este trabalho ao Ray e a minha família, meus alicerces durante minha trajetória!

AGRADECIMENTOS

Essa parte do trabalho sinaliza um momento de celebração junto a todos os que contribuíram para a elaboração dessa pesquisa. Muitos participaram dessa jornada, de forma direta ou indireta, eu não estive sozinha e, por isso, consegui terminá-la.

Primeiramente, agradeço a Deus por ter me conduzido à realização de um sonho, além de conceder a oportunidade de conhecer e conviver com pessoas tão especiais ao longo da minha caminhada. Durante toda a minha jornada Ele tem me guiado! O sonho em adentrar no mundo jurídico surgiu desde o ventre materno, quando minha mãe soube que ficou grávida e começou a desejar esse caminho para mim. Aqui estou e acredito que houve um conluio entre Deus e minha mãe, que já tinham sonhos maiores que os meus!

Se desde tenra idade já sonhava em cursar direito, com 12 anos decidi em qual universidade queria estudar: a Universidade Federal de Juiz de Fora. O sonho de fazer direito na UFJF surgiu quando uma amiga de escola afirmou que essa tinha sido a universidade mais bem classificada no curso de direito naquele ano. Não tinha internet para conferir a veracidade das informações, mas cheguei em casa da aula e disse para minha mãe: "- Já sei onde vou estudar, vai ser na federal de Juiz de Fora. "

Deus ouviu os sonhos da minha mãe e ouviu o meu, Ele sempre esteve e está no controle de tudo!

Assim que formei no ensino médio, entrei na faculdade de direito como graduanda e, assim que conclui a graduação, percebi que a minha jornada não havia sido encerrada, estava muito cedo! Fiz a prova do mestrado no ano que me formei e permaneci na universidade, ainda não estava pronta para me despedir...

O mestrado me trouxe outra visão, outras crenças e verdades. Foi um momento de desmistificação de conhecimentos, autocrítica e questionamentos acerca da direção que eu gostaria de trilhar. Foi engrandecedor escrever sobre algo que eu acredito e isso não seria possível sem todo o alicerce que tive.

Agradeço a Deus por ter tornado possível os meus sonhos e a minha mãe por ter me ensinado a sonhar, a acreditar que sonhos se transformam em realidade, bastava ter fé! Obrigada mãe, essa foi e é a melhor lição que você poderia ter me dado!

Agradeço aos meus irmãos, por serem meus melhores amigos e companheiros. Quem poderia me emocionar e orgulhar mais que vocês? Se me sinto feliz com as minhas conquistas, a felicidade é multiplicada pelo olhar orgulhoso de vocês!

Ao meu amor, amigo e companheiro de todos os momentos, por estar ao meu lado e me incentivar a ser melhor sempre. Obrigada por acreditar em mim e por ser muito mais que eu sonhei!

A toda minha família, agradeço por terem sido meu sustentáculo nessa trajetória, sempre com muito amor e fé no meu potencial. Principalmente, por me ensinarem a acreditar que a educação é um bem precioso e que pode mudar vidas.

Quanto à minha trajetória acadêmica, apesar de ter feito projetos ao longo da faculdade, os quais me engrandeceram em larga medida, minha orientadora me fez ir muito além das normas e do rigor metodológico, ela me mostrou que era possível escrever e enfrentar meus ideais – que poderiam, ao final, serem completamente mudados ou permanecerem inalterados.

Obrigada professora Luciana, é seu o mérito de me mostrar que o estudo acadêmico deve ter bases sólidas e critérios racionais, além de sempre se manter próximo da comunidade a que se destina, para que realmente possa gerar frutos positivos para toda sociedade. Agradeço por acreditar em mim durante a graduação e na pós-graduação!

O presente estudo almeja o estabelecimento de critérios que visam a melhora da qualidade de vida de toda comunidade, afinal, a finalidade do Estado se consubstancia na persecução dos direitos fundamentais. Dessa forma, agradeço a todos que o lerem e dedicarem uma pequena parte do seu tempo a refletir sobre o tema em voga.

Aos meus companheiros de trajetória e aos amigos de sempre, pessoas que cresceram comigo em todos os sentidos, vocês participaram dos meus bons e maus momentos, tornando cada um deles melhor!

Agradeço aos mestres que tive a oportunidade de conhecer e que se tornaram modelos para mim e tantos outros alunos. Foi uma honra professores!

Essa obra me fez crescer como acadêmica e como pessoa, foi uma experiência de amadurecimento muito além do que eu poderia prever. Valeu cada instante!

Todos vocês me fazem acreditar que todos os meus sonhos são possíveis! Obrigada a todos!

A educação é a arma mais poderosa para mudar o mundo. (Nelson Mandela)

SUMÁRIO

AGRADECIMENTOS 07

PREFÁCIO
Luciana Gaspar Melquíades Duarte 17

INTRODUÇÃO...23

Capítulo I
O PÓS POSITIVISMO JURÍDICO...........................39
1.1 A reaproximação entre o Direito e a Moral...........40
1.2 A racionalidade do Direito 47
1.3 Dos direitos fundamentais 53
1.3.1 Dos direitos fundamentais sociais.....................58
1.3.2 Direitos sociais *versus* orçamentos público.........63

Capítulo II
DA REGULAMENTAÇÃO E CONSTRUÇÃO TEÓRICA 69
2.1 Da regulamentação da Agência Nacional de Vigilância
Sanitária 72
2.2 Da jurisprudência do Supremo Tribunal Federal...................79

2.2.1 Do enunciado nº 31 do Conselho Nacional de Justiça 94

2.3 Do desenvolvimento literário acerca da temática 95

2.3.1 Demais fontes literárias 101

Capítulo III

A JUDICIALIZAÇÃO DA SAÚDE 107

3.1 A proteção do direito fundamental à saúde de forma integral e universal 107

3.2 O núcleo essencial do direito à saúde 116

3.3 Da separação de poderes 121

3.4 Da teoria da reserva do possível 125

Capítulo IV

DOS PARÂMETROS VIGENTES...137

4.1 Das etapas da pesquisa e seu desenvolvimento 137

4.2 Dos parâmetros judiciais e a necessidade de avanços 145

4.3 Uma questão de recursos e/ou segurança 157

4.3 1 Da possibilidade de responsabilização objetiva do Estado em caso de concessão 171

CONCLUSÕES..175

Bibliografia..193

Lista de Tabelas 211

Lista de Abreviaturas e Siglas 213

PREFÁCIO

Conheci Letícia Alonso na graduação do Curso de Direito da Universidade Federal de Juiz de Fora, como minha aluna na disciplina Direito Administrativo, oportunidade em que se destacou pelo senso acurado de investigação, pela seriedade e pela dedicação. Grata foi minha surpresa quando, poucos anos após, aprovada para o Mestrado em Direito e Inovação da mesma Faculdade de Direito da UFJF, Letícia solicitou minha orientação e adentrou a pesquisa na seara da judicialização da saúde, aceitando o desafio de perquirir uma resposta jurídica para a intrincada problemática da judicialização dos tratamentos experimentais.

Enquanto mestranda, Letícia confirmou todas as virtudes acadêmicas já antes reveladas. Sempre pontual com suas tarefas e disposta para as atividades que lhe eram solicitadas, Letícia revistou a literatura pertinente ao tema, apesar de escassa, bem como a jurisprudência recente do Supremo Tribunal Federal - STF a respeito e a respectiva legislação, sobretudo da Agência Nacional de Vigilância Sanitária - ANVISA. A partir do material coletado, Letícia formulou sua proposta para a solução judicial das demandas referentes a tratamentos experimentais sob o lume teórico do Pós-Positivismo Jurídico, especialmente trabalhado sob as lentes de Konrad Hesse Robert Alexy e Ronald Dworkin.

Descortinou a normatividade constitucional como o fundamento jurídico para a exigibilidade dos direitos sociais, e, assim, como o lastro para a respectiva judicialização. A manifestação judicial sobre direitos sociais faz-se possível, na perspectiva da separação de poderes, enquanto estratégia de controle das políticas públicas formuladas pelo Executivo e Legislativo. Neste sentido, a atuação judicial diante de uma omissão indevida dos demais poderes revela-se importante instrumento de garantia da real efetividade dos preceitos constitucionais.

A judicialização do direito a saúde ainda possui contornos próprios em virtude da pertença de seu núcleo essencial ao conceito do mínimo existencial, caracterizado pelo conjunto de prestações civilizatórias às quais o Estado não pode se furtar em virtude de sua imprescindibilidade para um patamar mínimo de dignidade humana. A demarcação do núcleo essencial do direito à saúde, composto pelas demandas imprescindíveis para a sobrevida humana e de elevada essencialidade para a satisfação da dignidade (qualificados como demandas de saúde de primeira necessidade), apresentou-se como etapa necessária para a compreensão do fenômeno objeto do estudo.

Através das lentes do Pós-positivismo jurídico, as prestações estatais inerentes ao núcleo essencial dos direitos caracterizam-se como normas-regra, e assim, como deveres definitivos do Estado. Desta forma, exigem a organização do orçamento público de maneira suficiente para provê-las. O princípio da reserva do possível apenas poderá ser legitimamente invocado diante de tais demandas nas hipóteses de escassez severa dos recursos públicos. Na seara da saúde, considerando ter sido o Sistema Único de Saúde – SUS instituído constitucionalmente a partir da perspectiva da solidariedade entre os entes federativos, esta situação apenas restará caracterizada quando o orçamento de todos eles encontrar-se exaurido pelo custeio das prestações inerentes ao núcleo essencial dos direitos a saúde e educação integrantes do mínimo existencial. Nesta hipótese, far-se-á imperioso o emprego de critérios éticos para a decisão alocativa dos recursos severamente escassos.

Os tratamentos experimentais são, em geral, assim denominados na jurisprudência analisada de maneira a englobar tanto aqueles que possuem eficácia comprovada, especialmente no exterior, mas que ainda não foram registrados pela ANVISA, órgão competente para autorizar a comercialização de fármacos em âmbito nacional, como os tratamentos ainda em fase de pesquisa. Os primeiros foram nominados tratamentos novos não registrados e, os segundos, tratamentos em fase experimental. Em relação a estes últimos, Letícia auferiu que, tendo a pesquisa ingressado na fase de experimentação com seres humanos, caso a inviabilidade de participar dos experimentos se dê em virtude da ausência de capacidade de pagar, poderá o paciente requerer do Estado o custeio desta oportunidade. Isto porque restou estabelecido que a opção por submeter-se a um tratamento experimental caracteriza, não raro, o esforço último do indivíduo no sentido de salvar a própria vida. Como tal, é importante manifestação da autonomia, uma das balizas da dignidade humana, cujo exercício não pode ser cerceado em virtude da incapacidade financeira.

Desta forma, a pesquisa viabilizou a conclusão da possibilidade de deferimento, em juízo, do acesso aos tratamentos novos não registrados quando caracterizarem, os mesmos, demandas de saúde de primeira necessidade, e dos tratamentos em fase experimental em virtude de sua imbricação com importante manifestação da dignidade humana.

Salta aos olhos a relevância da contribuição de Letícia para a Ciência do Direito. A judicialização da saúde, especialmente na vertente dos tratamentos experimentais, demanda estudos que orientem o comportamento judicial diante de tais demandas de elevada complexidade, uma vez que envolvem bens jurídicos de alta envergadura jurídica e axiológica, que se contrapõem a um cenário de recursos limitados. A atualidade da pesquisa, corroborada pelo comprometimento científico com que foi conduzida, tornam esta obra uma leitura obrigatória para os estudiosos e práticos do Direito que se ocupam da efetividade dos direitos fundamentais.

__Luciana Gaspar Melquíades Duarte__
Mestre e Doutora em Direito Público pela UFMG
Professora de Direito Público da UFJF

INTRODUÇÃO

As graves violações aos direitos fundamentais e a ausência do reconhecimento do valor da pessoa humana ocorridas durante as grandes guerras mundiais alteraram os parâmetros de interpretação normativa vigentes até então.

A partir do pós-guerra, houve um trabalho árduo na construção do valor da dignidade da pessoa humana, ensejando a reafirmação dos seus direitos, que seriam exigíveis e pertencentes a todos, o que reconfigurou os paradigmas éticos da ordem internacional, ocorrendo um importante processo de constitucionalização em âmbito mundial, com vistas a resgatar os valores humanos mais relevantes.

Desde então, o debate sobre os direitos fundamentais vem merecendo cada vez maior destaque. O modelo de estado constitucional expandiu-se por grande parte do Ocidente, concebendo a Constituição como uma norma que incorpora um denso conteúdo ético-antropológico. Após a Declaração Universal dos Direitos Humanos de 1948, a dignidade da pessoa humana foi consagrada como um valor jurídico universal, o que reforçou seu atributo de imanente ao ser humano.

Como consequência da expansão das garantias e do acesso aos direitos tidos como essenciais à garantia da dignidade humana, adveio o fenômeno da judicialização. As demandas não atendidas pelo administrador público ou os serviços não prestados, ou mal prestados, tornaram-se pleitos recorrentes nos tribunais.

A judicialização dos direitos fundamentais sociais vem sendo tema basilar das obras dos mais diversos teóricos e aplicadores do Direito. O debate acerca da temática adquiriu densidade à medida que ocorreu o afastamento da ideia de uma Constituição meramente programática por alguns doutrinadores, o que conferiu um papel mais atuante do Poder Público na prestação de serviços essenciais em caráter universal.

Há vários questionamentos acerca da competência do Poder Judiciário em determinar o fornecimento de tratamentos ou serviços aos gestores administrativos. Tem-se uma nova interpretação constitucional, que visa garantir o acesso a todos ao que se entende como direitos fundamentais, ao passo que há discussões sobre possíveis abusos perpetrados pelo Judiciário, uma vez que sua atuação representaria invasão à competência dos demais poderes, decidindo questões de gestão administrativa atinentes aos recursos, que seriam escassos.

O imbróglio é de grande relevância, pois a determinação para que medicamentos sejam fornecidos, além de ser concernente a temas como a reserva do possível e o princípio da separação de poderes, abarca as situações dos tratamentos em fase experimental e dos não aprovados pelo órgão competente nacional. Estas, inclusive, apresentam-se um tanto mais complexas e são o objeto do presente estudo.

No Brasil, é editada, pelo Ministério da Saúde, uma lista de medicamentos e procedimentos que devem ser fornecidos gratuitamente; todavia, esses tratamentos não abrangem todas as situações, sequer suprem a carência mínima dos que deles necessitam. Foi emitida, recentemente, em 26 de julho de 2017, a atualização desta Relação Nacional de Medicamentos Essenciais (RENAME), mas ela, ainda assim, permanece insuficiente.

Mesmo com a atualização da RENAME, permanecem os vários questionamentos acerca da suficiência e adequação da lista para o suprimento das demandas de saúde e sobre o fato dos entes públicos negarem-se a prestar os tratamentos que nela não constam, além de alegarem a ausência de recursos, bem como a ausência de registro na Agência Nacional de Vigilância Sanitária (ANVISA) em alguns casos que se mostraram emblemáticos, como a fosfoetanolamina e os medicamentos derivados da *cannabis sativa*, sendo o primeiro considerado experimental e o último novo.

Para o presente estudo, estão sendo enquadrados como "medicamentos experimentais ou em fase experimental" os que ainda não foram liberados para comercialização, sequer possuem comprovação de sua segurança e eficácia. Lado outro, serão nominados "medicamentos novos ou novos não registrados/aprovados" aqueles que já superaram a fase experimental e se encontram aptos à comercialização, conquanto ainda não registrados pela ANVISA ou não incorporados à lista do Ministério da Saúde. Também será analisado o caso dos medicamentos *off label*, considerados experimentais, que seriam os fármacos prescritos para finalidades diversas das descritas em sua bula.

A agência reguladora específica para regulamentação, aprovação, registro e fiscalização de medicamentos no Brasil, a ANVISA, é a responsável por emitir diretrizes normativas sobre a conferência da eficácia e viabilidade de distribuição de alguns insumos. A agência foi criada pela Lei nº 9.782 (BRASIL, 1999), e desde então encontra-se em todo território nacional, coordenando, inclusive, recintos alfandegários.

A ANVISA foi criada com o fito de proteger a saúde da população, através da fiscalização da produção e comercialização de produtos e serviços. Ocorre que, alguns medicamentos ainda não se encontram em seu rol de tratamentos aprovados e são aptos a alcançar este fim, caracterizando o problema que ensejou a pesquisa a ser relatada.

A saúde, muito mais que uma classificação formal como um direito fundamental social, é uma demanda de natureza essencial, já que intrinsecamente relacionada à manutenção da vida, direito individual insculpido e basilar para os direitos humanos, o que intensifica a concepção de que a garantia da saúde é um direito subjetivo que deve ser resguardado com afinco.

Por sua natureza tão cara à vida, porque é mediante a existência dessa que surgem os demais direitos individuais e coletivos, as demandas de saúde, mormente as relativas à concessão de medicamentos em fase experimental, ultrapassaram a competência do Poder Executivo e Legislativo, alcançando tribunais, inclusive as Cortes Superiores.

Diante da inexistência ou insuficiência de tratamentos essenciais à vida ou melhoria da qualidade de vida de alguns indivíduos, alguns litígios contra o Poder Público foram e/ou estão sendo decididos pelo Poder Judiciário. No cenário atual, a jurisprudência tem tido papel de grande relevância para estabelecer critérios, além dos já estabelecidos pelo Executivo e Legislativo, o que tem gerado críticas até mesmo sobre a quebra do princípio da separação de poderes.

Nesse quadro de aumento cada vez maior de demandas, agravadas pela sua natureza essencial, é notória a necessidade de pesquisas sobre os limites da concessão a que deve estar adstrito o Poder Judiciário. Para isso, foram analisadas construções teóricas e jurisprudenciais acerca da problemática que se pretende explorar.

Alguns autores construíram uma hermenêutica mais ligada aos valores inerentes ao Direito, defendendo o que se chamou de princípio da proporcionalidade como o meio adequado e eficaz de averiguar a discricionariedade judicial nos casos difíceis, afastando a ideia de que essa atuação dos juristas seria uma desvirtuação do Direito para uma atividade política.

Na presente obra, a análise teve como foco a judicialização das políticas públicas tocantes ao direito à saúde, mormente no que tange ao custeio dos tratamentos experimentais ou ainda não aprovados pelo Estado.

A saúde é um direito fundamental, possuindo tratamento normativo especial no ordenamento jurídico brasileiro, sendo que o problema reside em saber os limites do que deve ser assegurado. No caso, os medicamentos ou tratamentos em fase experimental devem ser assegurados pelo Poder Público, integrando o âmbito de proteção à vida que deve ser resguardado pelo Estado? O que é fundamental ou inerente a esse direito à saúde?

Partiu-se da hipótese que a Constituição não possui normas vazias, que suas diretrizes estão dispostas de modo a assegurar o mínimo existencial a todos os cidadãos que estão a ela submetidos. Para compreender o que deve ser entendido como direito e concedido a quem dele precise, ou seja, as diretrizes para a compreensão dos atuais parâmetros da doutrina e jurisprudência, foram utilizados alguns teóricos para fundamentar e servir de embasamento para pesquisa.

A interpretação constitucional contemporânea não é algo previamente definido, estando em processo de construção continuamente. O Neoconstitucionalismo representa esse momento de redefinições, servindo de fundamento teórico ao presente trabalho, em que se almejou analisar a efetividade do direito à saúde no Brasil, especialmente no que tange aos tratamentos em fase experimental.

Com essa interpretação contemporânea da Constituição, esta passou a ser vista com força normativa, o que lhe assegura que todas as suas normas são plenamente aplicáveis e obrigam os seus destinatários e o poder público. Essa característica vincula o Poder Legislativo, Executivo e Judiciário à missão de concretizar todo o texto constitucional, mesmo aquelas partes cujas normas eram consideradas tradicionalmente como programáticas, como sempre foi taxada a norma relativa à proteção do direito à saúde.

Consignou-se, no trabalho, que o procedimento de produção normativa deve considerar os valores sociais e econômicos predominantes na sociedade de sua época, não sendo mais viável a construção de um direito neutro ou afastado da Moral. O aplicador do Direito, seja ele um juiz ou um gestor administrativo, confere a norma uma nova significação jurídica a cada caso concreto em que a aplica.

O processo de constitucionalização do ordenamento jurídico proclamou uma universalidade real e não apenas formal, o que desencadeou o aparecimento de um verdadeiro Estado Constitucional de Direito, embasado em uma teoria de Direito diferente do que até então era tido. Os princípios sempre tiveram importante papel na tomada de decisões judiciais, mas somente sob a égide desse novo modelo teórico eles deixaram o papel de coadjuvantes das regras.

Nesse contexto, é estruturado o Pós-Positivismo, amparado pelas valiosas construções de Dworkin (2002) e Alexy (2013) sobre a normatividade dos princípios. A ideia da aceitação dos princípios constitucionais como normas foi trazida por Dworkin (2002), bem como o método de sopesamento, em um tempo de redefinição de valores. A normatividade principiológica corroborou a constitucionalização do Direito, caracterizada pela vinculação dos preceitos infralegais aos constitucionais.

Dworkin (2002) contribuiu para o desenvolvimento do Estado Constitucional de Direito, revolucionando a clássica teoria das normas de origem positivista. O autor demonstra que não há como antecipar todas as contingências sociais por meio de um sistema de regras, tendo em vista que algumas proposições serão vagas ou pouco claras em determinados casos, e denota que às normas também não pode ser conferida uma ampla e desmedida discricionariedade judicial para aplicar o Direito, devendo haver parâmetros.

Para que o sistema jurídico funcione logicamente, Dworkin (2002) classifica as normas em regras e princípios. As regras seriam aplicadas à maneira do tudo-ou-nada, pois, presentes os pressupostos estipulados na regra, então ou a regra é válida, e nesse caso a resposta que ela fornece deve ser aceita, ou não é válida, portanto não se aplica. Já os princípios possuem uma dimensão diferente das regras: a dimensão do peso e da importância. Quando os princípios colidem, ao intérprete caberá considerar o peso relativo de cada um deles.

Princípios e regras devem atender aos ideais de justiça, contudo, os princípios, por possuírem alto conteúdo axiológico, são a própria *ratio* das normas jurídicas. E estão mais próximos dessa finalidade, o que é fruto da institucionalização da Moral no Direito. Quando há colisão entre dois princípios constitucionais de mesma hierarquia, será necessário sopesá-los.

Alexy (2013) corrobora a teoria de Dworkin (2002) quanto à dualidade das normas, o sistema misto formado por regras e princípios. O autor inova ao definir o que seriam os princípios, afirmando que a diferença entre as normas não reside apenas na abstração, mas é também estrutural, já que princípios não são comandos definitivos e, sim, mandados de otimização.

A proporcionalidade de Alexy (2013) constitui um método de interpretação para a correta aplicação dos direitos fundamentais, é um cânone interpretativo composto por três sub-regras: a adequação, a necessidade e a proporcionalidade em sentido estrito. A criação da escala triádica ou nonagesimal pelo autor figura como um guia para que haja racionalidade na análise e aplicação dos direitos.

Adequado seria o meio capaz de atingir determinado fim; necessária seria a medida que, quando comparada a outras tão eficazes quanto, ele restringisse em menor grau o Direito; e proporcional em sentido estrito seria o meio que alcançasse a realização de um direito fundamental mais benéfico do que o que com ele colide no caso, assemelhando-se ao sopesamento.

Em virtude dos critérios racionais que fornece para a solução de antinomias, a ponderação figura como importante método para a solução de colisões entre as normas, principalmente as de natureza principiológica, existentes no ordenamento jurídico. A sua utilização correta representa importante ferramenta de controle de justiça das decisões, funcionando como parâmetro e limite aos desmandos dos Poderes e garantia das liberdades individuais, o que se faz mister no desenvolvimento do presente tema.

Partindo de uma análise dedutiva, a pesquisa desenvolveu-se a partir da conceituação e compreensão do que seriam os medicamentos experimentais, do *status quo* do que vêm entendendo a doutrina e a jurisprudência sobre sua concessão, bem como das diretrizes normativas nacionais, nas quais os tratamentos são submetidos para serem considerados aptos ao consumo humano.

O tema aborda questões de relevante impacto social, haja vista que os pleitos atinentes a medicamentos fora da lista do Sistema Único de Saúde (SUS) são consideráveis (STF,...01) e, no que concerne aos tratamentos em fase experimental, ainda há maiores empecilhos, porque a ANVISA, por lei, precisa aprovar o tratamento antes da sua distribuição. Não obstante, algumas doenças causam dores e transtornos dilacerantes ou deterioram o organismo humano de forma rápida, o que colide com a demora dos trâmites burocráticos e orçamentários administrativos e legislativos.

A pesquisa se pautou em analisar a razoabilidade da espera ou da negativa do fornecimento dos tratamentos, tidos como experimentais, haja vista que a demora ou a negativa administrativa e judicial pode determinar não apenas o fim da saúde, mas o fim da vida e, por conseguinte, todos os direitos dela consectários.

Objetivou-se, com o trabalho, embasado nos critérios da proporcionalidade, compreender se é razoável que o ente público negue a prestação dos tratamentos experimentais aos indivíduos que deles careçam e até em que medida, seja em sede administrativa ou jurisprudencial.

Para alcançar os objetivos do estudo, além do referencial teórico supramencionado, foram consultados artigos, decisões do Supremo Tribunal Federal – STF - e doutrinas esparsas, com destaque para a obra "Possibilidades e Limites do Controle Judicial sobre Políticas Públicas de Saúde" (Duarte, 2011).

O referencial que foi utilizado na pesquisa possui viés pós-positivista, visando a ideia que preceitua o constitucionalista germânico Hesse (1991), a "vontade de constituição". A força normativa atribuída à Constituição com a interpretação constitucional contemporânea visa resguardar a vontade do constituinte originário, a proteção dos indivíduos a ela submetidos, para que não estejam sujeitos a meras preferências políticas pessoais dos administradores públicos e aplicadores do Direito em geral.

Como decorrência lógica desse momento de defesa da máxima efetividade das normas constitucionais, a presença do Judiciário, mais especificamente na Corte Suprema, acaba se tornando fundamental para a realização do controle de constitucionalidade e para a concretização e fiscalização das políticas públicas, o que pode ou não ferir o valor de ausência de ingerência entre os poderes.

Alguns parâmetros mínimos precisam ser estabelecidos, pois a proporcionalidade adveio com o intuito de auxiliar quando ocorre a colisão de normas, na busca da melhor e mais equilibrada solução, e não para que seja rechaçada a aplicação de alguns princípios pela prevalência integral de outros. A busca da existência e da aplicação dessas diretrizes é um dos objetivos do trabalho, embasado na revisão bibliográfica abordada adiante.

O desenvolvimento da pesquisa também se amparou na análise de alguns pontos específicos do estado atual da jurisprudência, notadamente em quais seriam as fases em que o medicamento ainda é considerado como experimental, a autonomia do paciente em escolher o tratamento e qual será sua última tentativa, se há registro no exterior, em que fase se encontra ou como é a aceitação em outros países, se já foram feitos testes preliminares e se há comprovação de não eficácia, bem como nas normas para pesquisas com seres humanos.

Os pontos elencados são objetivos mínimos para que o estudo se desenvolva, para conhecimento do *status quo* e de parâmetros que podem servir de base para decisões futuras. Dessa forma, o trabalho foi dividido em quatro capítulos.

O primeiro capítulo abordou o referencial teórico, almejando a compreensão do pensamento em que se baseia o desenvolvimento da presente pesquisa, para que se torne viável a construção de parâmetros básicos a serem considerados pelos aplicadores do Direito, com ênfase ao Judiciário, já que a ele incumbe o controle de constitucionalidade das decisões e diretrizes dos gestores e legisladores.

O segundo capítulo é atinente à revisão bibliográfica, em que se pretendeu analisar a doutrina, diretrizes normativas, jurisprudências e artigos diversos sobre o tema. Como a temática é um desdobramento do direito à saúde, sendo uma espécie de demanda do mesmo direito, alguns paradigmas mais abrangentes serão analisados, considerando que é preciso a averiguação de alguns critérios até então vigentes no STF, que vinculam os tribunais inferiores, na medida em que se tornaram precedentes.

O terceiro capítulo abordou a judicialização da saúde e a natureza principiológica das normas que estarão em frequente colisão, tendo em vista que, assim como os recursos públicos que, apesar de escassos, advêm dos contribuintes de forma ininterrupta, a saúde também é uma demanda ininterrupta e que precisa, em muitos casos, de uma prestação emergencial, sob risco de perecimento da própria vida ou da possibilidade de fruição dela, nos casos de doenças degenerativas incapacitantes, por exemplo.

O quarto capítulo almejou a análise dos parâmetros até então vigentes e a possibilidade de aprimoramento ou mudança, para que as prestações sejam feitas de forma justa e equânime, de modo a garantir o meio menos gravoso aos princípios envolvidos e em colisão.

Um dos aspectos mais desafiadores da constitucionalização do ordenamento jurídico é estabelecer os limites de atuação do Judiciário e os parâmetros de contenção de excessos, bem como o que é verdadeiramente ambiente de discricionariedade administrativa e legislativa. Diante desse desafio, pretendeu-se estabelecer um patamar mínimo a ser considerado quando da tomada de decisões atinentes à saúde, no que tange ao custeio dos tratamentos em fase experimental e dos ainda não registrados.

I

O PÓS-POSITIVISMO JURÍDICO

Conforme demonstrado em breve análise introdutória, o objeto da presente pesquisa é de primordial análise porque tangencia a vida, base sobre a qual foram fundados os direitos humanos.

O enfrentamento da problemática deu-se sob o amparo teórico do Pós-Positivismo, máxime com o suporte nas obras de Alexy (2015; 2013), Dworkin (2002) e Hesse (1991).

A saúde é um direito fundamental e possui base legal e constitucional no ordenamento jurídico brasileiro, devendo sempre ser resguardada uma vez que todo o texto constitucional possui força normativa. Cabe observar que, apesar de ser um direito amplamente assegurado, as normas relativas ao direito à saúde possuem caráter aberto, o que confere ao aplicador a responsabilidade de interpretar de acordo com o caso.

Essa abertura da norma à interpretação possui viés positivo, pois permite que seja feita uma subsunção do fato ao preceito legal de modo equilibrado e que, por conseguinte, alcance a justiça na decisão. Porém, há o viés negativo, porque a textura aberta do texto permite que sejam cometidas arbitrariedades, caso em que não ocorreria uma decisão justa. Os critérios racionais propostos por Alexy (2013) suprem essa necessidade de racionalidade das decisões, fornecendo parâmetros para que seja tomada uma decisão justa e equânime.

As demandas judiciais tocantes à saúde abarcam diversas situações e são objeto de análise pelo STF de maneira constante. Entre as várias temáticas possíveis de serem abordadas, o presente estudou se debruçou sobre a concessão dos tratamentos em fase experimental e dos novos não registrados pela ANVISA, almejando analisar os limites do que se tem assegurado e o que deveria ser concedido.

Os teóricos acima assinalados serviram de embasamento ao estudo, com vistas a saber o que deve ser compreendido como direito e concedido a quem dele precise, em outras palavras, são diretrizes para a compreensão dos atuais parâmetros da doutrina e jurisprudência.

O referencial teórico foi utilizado como suporte na busca da compreensão do que seria abarcado no âmbito de proteção à vida, apenas os tratamentos fornecidos pelo SUS e/ou os aprovados nacionalmente, ou qualquer tratamento, estando ele em fase experimental ou ainda não aprovado pela agência a qual compete essa função.

1.1 A reaproximação entre o Direito e a Moral

Dworkin (2002) enfrenta a problemática de definir o que seriam direitos, obrigações jurídicas. O autor constrói sua proposta pós-positivista a partir de críticas ao modelo positivista, na medida em que estabelece que os valores da comunidade política deveriam ser incorporados ao âmbito judicial, o que representou uma reaproximação entre o Direito e a Moral.

A teoria de Dworkin (2002) confere força normativa aos princípios, denotando a ideia de que há uma moral vinculante e, por conseguinte, que o Direito não deve ser neutro. Ele demonstra que o agir de acordo com as leis pode ser contrário aos valores da comunidade política, o que contraria os próprios alicerces de uma democracia.

Para desenvolver sua concepção, o autor cria dois grupos de normas: as regras e os princípios. O que caracterizaria uma norma é sua vinculatividade: elas geram deveres e direitos, sendo que as normas-regras são aplicadas de uma perspectiva do tudo ou nada, ou a regra é válida ou não é. O enunciado da própria regra deve conter suas exceções, diferentemente do que ocorre com as normas-princípios, nas quais suas exceções não são suscetíveis de enumeração.

Em caso de conflito entre normas, enquanto a colisão entre as regras pode ser resolvida através de critérios como a hierarquia, cronologia e especialidade, os princípios, pelo seu alto grau de abstração, colidiriam com maior frequência e teriam o conflito entre eles solucionado com o sopesamento.

O entendimento é de que o aplicador não pode decidir o peso do princípio de acordo com sua concepção valorativa, devendo a medida da aplicação ser aferida de acordo com sua importância para a comunidade política. Um princípio pode não prevalecer em inúmeros casos e, ainda assim, ser decisivo em algumas situações.

O ordenamento jurídico, ao incorporar um princípio, exige que o aplicador do Direito o considere no momento da tomada de decisão. Todo princípio possui uma dimensão de peso, diferente das regras, o que faz com que seja possível considerar a importância de cada um deles em um determinado caso concreto.

A interpretação é basilar a atividade do aplicador do Direito, seja ele um jurista ou um administrador público, de forma mais acentuada na figura do primeiro. A Constituição (BRASIL, 1988), ao estabelecer um Estado Democrático de Direito, objetivou uma sociedade mais livre e justa, e seus ideais podem ser alcançados de forma mais efetiva a depender da interpretação conferida aos dispositivos legais e o que pode ser entendido como norma impositiva.

A contribuição de Dworkin (2002) foi e é fundamental, pois demonstra que os valores da comunidade política, que compõem a Moral, também devem ser considerados no momento da tomada de decisões, ao constatar que os valores externos à lei devem ser considerados.

Dworkin (2007) superou um padrão interpretativo, mostrando que a fundamentação de um direito faz parte de sua proteção, aprofundando a temática ao propor uma nova forma de interpretação: o Direito como Integridade. Em sua obra (2007), o autor constrói o que pode ser considerado uma nova hermenêutica jurídica.

Partindo do pressuposto de que as decisões judiciais têm reflexos substanciais sobre a vida de muitas outras pessoas, já que, em grande medida, o direito é aquilo que o aplicador afirma, é relevante que haja uma diretriz mínima de como as causas são e/ou deveriam ser decididas. O Direito, como um fenômeno social, é dotado de uma prática argumentativa, advém de um acúmulo de experiência.

Considerada de forma literal e fora do contexto, a interpretação normativa pode se tornar injusta ou inócua. Disso deriva a preocupação de Dworkin (2007) sobre o modo de interpretar uma lei, de forma a ajustá-la no que for possível aos ideais de justiça do ordenamento.

O filósofo propõe que qualquer argumento jurídico prático se encontra embasado em fundamentos abstratos construídos pela doutrina e, em situações de divergência, um deles é escolhido e rejeitam-se os outros. Qualquer concepção de Direito se relacionaria externamente com outras áreas, máxime com a moral política. Então, para que o sistema seja coerente, o Direito deve considerar não apenas as decisões tomadas no passado, os precedentes, mas também levar em conta as convenções jurídicas contemporâneas.

Em síntese, Dworkin (2007) visou conferir coerência ao sistema quando desenvolveu sua corrente hermenêutica sobre o Direito como integridade, estabelecendo nela que os princípios assumem uma posição de importância, pois representam os valores da comunidade. O autor afirma (2007), ainda, que sempre haverá uma única resposta certa para cada caso concreto, embasada nos fundamentos de justiça e equidade, alcançados através do devido processo legal.

O trabalho do aplicador do Direito seria semelhante ao escritor de um romance, tamanha a complexidade de elaborar ou dar continuidade à interpretação correta, sendo necessário ser um super-juiz nos casos difíceis; seria necessária a figura do juiz "Hércules". Para ilustrar a concepção do Direito como integridade, Dworkin (2007) criou a metáfora de um magistrado dotado de suficiente sagacidade e paciência para reinterpretar o ordenamento jurídico como um todo, na busca da única solução correta para o caso difícil que a ele seja apresentado.

Hércules seria um juiz ideal, que elabora teorias aptas a justificar a aplicação das normas relevantes à situação e, no caso de mais de uma teoria se aplicar ao caso e ocasionarem resultados divergentes, deve haver um retorno do magistrado às normas restantes do sistema, com o objetivo de encontrar a resposta correta e garantir a unidade do sistema. Ciente de que outros juízes decidiram casos semelhantes aos seus, deve considerar esses precedentes como parte do enredo de um romance, o qual ele precisa dar continuidade mantendo a coerência.

O intérprete do Direito sempre deve se ater ao momento histórico e ao local para a solução dos *hard cases*, para que haja o reconhecimento daquela comunidade. Hércules possui compromisso com a justiça e a equidade, observando sempre que incumbe ao legislador a prerrogativa sobre questões políticas, para que não haja invasão da competência dos outros poderes.

A unidade necessária à construção de um romance em cadeia é semelhante ao que deve ser a interpretação do Direito, de modo que os indivíduos sujeitos às mesmas normas tenham uma decisão justa e equitativa. O magistrado deve proferir uma decisão que emane a vontade da lei, mas que mantenha a coerência do sistema como um todo, protegendo-o de eventuais manobras legislativas, fraudes, bem como da parcialidade do julgador.

Qualquer decisão jurídica deve considerar o passado e o futuro, mas sem se fechar apenas a esses aspectos para alcançar a decisão correta, pois valores hodiernos da comunidade são essenciais para a atividade interpretativa. A teoria desenvolvida respalda a ideia de que se há lacuna de norma legal, deve ser observado o princípio consagrado pelo legislador, o foco é fazer justiça, assegurando a equidade, segundo os princípios que regem o sistema jurídico.

O Direito como Integridade representou um avanço significativo no mundo jurídico, tendo como fundamento a igualdade. A aplicação da teoria é amplamente viável também nos países de *civil law*, como o Brasil, tendo em vista que, apesar de termos como fonte maior a lei, não se pode olvidar da relevância da jurisprudência no sistema, principalmente nas decisões judiciais inovadoras, que envolvem casos difíceis, como aqui se pretende abordar.

Dworkin (2007) demonstra que o peso de cada princípio deve ser aferido de acordo com as manifestações institucionais, institucionalizadas ou não, o que é uma tarefa hercúlea, por isso a criação do "juiz Hércules". O trabalho é saber qual a solução para o caso concreto, considerando que o Direito sempre oferece uma resposta com o seu arsenal normativo, porque uma regra pode comportar antinomias, mas o sistema não, o Direito sempre oferece uma solução correta.

O Estado de Direito, dotado dos preceitos de anterioridade e generalidade normativas, visa alcançar o valor essencial da igualdade e dele deriva o respeito aos precedentes, estes ligados à analogia sobre o romance em cadeia. A construção teórica visa assegurar a justiça e harmonia do sistema, impedindo arbítrios e desvios no momento da aplicação do Direito.

O Direito como sistema é completo, pois as possíveis lacunas se encontram fechadas pelos valores. Os valores da comunidade, bem como ocorre com os precedentes, devem ser observados porque caracterizam manifestação estatal anterior sobre uma determinada situação jurídica, o que não configura uma observância absoluta, apenas demanda que seja justificada a sua não observação, pois é essencial assegurar a harmonia do sistema, assim como o escritor de um romance.

1.2 A racionalidade do Direito

Alexy (2013) embasou sua teoria na obra de Dworkin (2002) e aprimorou sua racionalidade. A concepção jusfilosófica de Alexy (2013) reconhece que os princípios jurídicos possuem natureza normativa, sem, contudo, abrir margem para o subjetivismo na aplicação do Direito, apregoando a exigência de um discurso racional.

O autor considera que o diálogo é essencial para que seja possível aferir a validade dos valores envolvidos no discurso, mas acentua que ele, por si só, não oferece critérios para garantir a racionalidade dos discursos jurídicos e, dessa forma, elaborou sua "Teoria da Argumentação Jurídica", almejando o estabelecimento dos critérios que considerou capazes de conferir a racionalidade necessária.

Alexy (2013) concorda com a dualidade de normas de Dworkin: regra e princípio. O autor inova ao afirmar que a diferença entre essas normas não é só na abstração (comando definitivo versus princípios), mas também em sua estrutura. As regras são comandos definitivos e os princípios, até então não conceituados por outros doutrinadores de modo satisfatório, são mandados de otimização.

Alexy (2013) constrói um método de interpretação para a correta aplicação dos direitos fundamentais, a proporcionalidade, um cânone interpretativo composto pelas sub-regras da adequação, necessidade e a proporcionalidade em sentido estrito, assemelhando-se ao sopesamento nesta dimensão, já que pretende aplicar a norma mais correta e benéfica ao caso, sem desnaturar as demais normas colidentes.

O intuito é que haja racionalidade na análise e aplicação dos direitos, com a utilização do meio mais apto a atingir a finalidade que se pretende e que menos restrinja o direito colidente, alcançando justiça, na medida em que se aplica o direito fundamental de forma mais benéfica e sem depreciar as demais normas que com ele colide no caso.

A teoria elaborada auxilia no momento da tomada de decisões, fornecendo regras, um verdadeiro procedimento para alcance de uma argumentação ou decisão que possa ser considerada racional, seja ela jurídica ou genérica. O autor desenvolveu critérios que definiriam o discurso racional prático, sendo que as quatro primeiras são regras básicas, que ele considerou como uma "condição prévia da possibilidade de toda comunicação linguística em que se trate de verdade ou correção" (Alexy, 2013, p.187), são elas:

(1.1) Nenhum falante pode contradizer-se.
(1.2) Todo falante só pode afirmar aquilo em que ele mesmo acredita.
(1.3) Todo falante que aplique um predicado F a um objeto A deve estar disposto a aplicar F também a qualquer objeto igual a A em todos os aspectos relevantes.
(1.4) Diferentes falantes não podem usar a mesma expressão com diferentes significados.

Os critérios básicos estabelecidos servem como diretrizes para que o discurso seja sempre sincero e lógico, para que ocorra dialogicidade, coerência e entendimento mútuo de todos os participantes da decisão a ser eventualmente tomada.

O segundo grupo de regras é concernente à necessidade de justificação das afirmações, pois tudo que é afirmado deve ter viabilidade de ser justificado. Além de garantir a racionalidade da argumentação, esse segundo grupo de regras é intrinsecamente ligado à ideia da igualdade habermasiana, que assinala que todos devem ter iguais condições para participar do discurso e durante seu transcorrer, sem coerções.

> (2.1) Quem pode falar, pode tomar parte no discurso. (...)
> (2.2) (a) Todos podem problematizar qualquer asserção.
> (b) Todos podem introduzir qualquer asserção no discurso.
> (c) Todos podem expressar suas opiniões, desejos e necessidades. (...)
> (2.3) A nenhum falante se pode impedir de exercer seus direitos fixados em (2.1) e (2.2), mediante coerção interna e externa ao discurso. (Alexy, 2013, p.191)

O terceiro grupo de regras é atinente à divisão do ônus de justificar e discorre sobre o que precisa de justificativa expressa. As diretrizes desse terceiro grupo objetivam evitar que o diálogo se estenda ao infinito, nunca chegue a uma decisão ou conclusão, considerando a abertura do Direito ao questionamento, conferida pela segunda regra.

> (3.1) Quem pretende tratar uma pessoa A de maneira diferente de uma pessoa B está obrigado a fundamentá-lo. (...)
> (3.2) Quem ataca uma proposição ou uma norma que não é objeto da discussão deve dar uma razão para isso. (...)
> (3.3) Quem aduziu um argumento está obrigado a dar mais argumentos em caso de contra-argumentos. (...)
> (3.4) Quem introduz no discurso uma afirmação ou manifestação sobre suas opiniões, desejos ou necessidades que não se apresentem como argumento a uma manifestação anterior tem, se lhes for pedido, de fundamentar por que essa manifestação foi introduzida na afirmação. (Alexy, 2013, p. 194-195)

Além das regras supramencionadas, algumas regras são introduzidas para regular a argumentação, outras regras que tratam de concepções morais, e regras de transição entre os tipos de discursos. Ou seja, a perspectiva adotada é a de que um discurso racional advém da observância de uma série de diretrizes pré-definidas, que auxiliam a alcançar uma conclusão, um consenso que estará aberto à revisão com fundamento nas próprias regras do discurso.

Algumas regras dizem respeito às formas de argumento, nas quais as diferentes formas de combinação produzirão a estrutura dos argumentos, sendo que pode haver a necessidade de utilização de regras de prioridade quando for preciso decidir qual fundamentação será preterida. As regras atinentes à fundamentação valem-se das formas utilizáveis nos argumentos práticos e delimitam o conteúdo a ser fundamentado. Alexy (2013) estabelece também regras de transição, caso seja preciso alternar de um discurso diverso do modelo inicialmente abordado.

O autor considera a argumentação jurídica como um caso especial da argumentação prática, transpondo os critérios do discurso prático para o jurídico, considerando que conferir racionalidade ao âmbito jurídico é primordial para o alcance de decisões justas, fortificando os ideais do Estado Democrático de Direito.

Apenas as conclusões que possuem uma justificação de acordo com as regras argumentativas são consideradas racionais, uma vez que o consenso deve ser alcançado através da correção das assertivas que forem trazidas ao discurso. A observância das regras é o que confere racionalidade ao discurso e o que proporciona universalidade às decisões.

Alexy (2013) não pretendeu o alcance de uma verdade imutável sobre as situações, mas o desenvolvimento de um procedimento discursivo, através do cumprimento de regras lógicas, que, quanto mais forem seguidas, na mesma medida conferirão uma conclusão correta ou racional.

O discurso jurídico é especial dada sua submissão a alguns limites, como as leis, os precedentes e a doutrina, e a racionalidade possui importância que merece destaque nessa esfera, uma vez que assegura a legitimidade das decisões e seu eventual controle.

No que tange aos princípios jurídicos, estes são definidos pelo autor como mandamentos de otimização, podendo ser aplicados com diferentes pesos a depender do caso concreto. Para definir qual princípio será aplicado ao caso, devem ser consideradas as condições fáticas e jurídicas.

A questão da precedência de um ou alguns princípios sobre outros em um determinado contexto fático só pode ocorrer mediante a utilização do princípio da proporcionalidade, o que será aferido nas suas respectivas dimensões: adequação, necessidade e proporcionalidade em sentido estrito.

O presente trabalho visa analisar questão atinente ao direito à saúde, como desdobramento do direito à vida, que constitui um direito fundamental social. Direitos fundamentais podem ter natureza de regra ou princípio, ou seja, podem colidir. Caso sejam do mesmo nível hierárquico, prevalecerá a regra, que é um comando definitivo; mas, se ambos tiverem natureza de princípio, deverá ser feita a ponderação.

1.3 Dos direitos fundamentais

Os direitos fundamentais estão diretamente ligados aos direitos humanos, constituindo, na verdade, a versão positivada constitucionalmente desses direitos, vinculando todos os operadores do Direito, independentemente do âmbito de atuação dada sua universalidade.

Esses direitos são pautados pela dignidade da pessoa humana, que fundamenta a existência da própria constituição, a liberdade e a igualdade de todas as pessoas – o que confere o cunho de universalidade. Eles envolvem um credor, um devedor e um objeto. O credor é o ser humano, o indivíduo. O objeto representa o elemento fundamental, configurando uma relação jurídica que é obrigacional, ou seja, envolve uma prestação positiva ou negativa indispensável à dignidade da pessoa humana e, por isso, é fundamental.

Em uma ótica clássica, o devedor ou prestador do direito é o Estado. Assim, em linhas gerais, os direitos fundamentais seriam direitos subjetivos que têm como credor o sujeito, o devedor na figura do Estado, e objetos que requerem uma prestação positiva ou negativa que é essencial à dignidade humana.

Na doutrina, há mais de uma classificação acerca das dimensões ou gerações dos direitos fundamentais, que consideram o momento do surgimento na história e as características de cada grupo. Os de primeira geração seriam os relativos aos direitos civis e políticos, intrinsecamente relacionados ao direito à liberdade, garantindo igualdade formal entre os indivíduos.

O que era tido como essencial à dignidade da pessoa humana era que o Estado se abstivesse de interferir na esfera privada dos cidadãos, caracterizando um estado absolutista. Nesse momento delineou-se o estado liberal ou mínimo, em que as relações sociais e econômicas eram regidas pelo mercado.

No século XIX, com a revolução industrial, ocorreu uma mudança drástica no modo de subsistência das pessoas, que passaram de artesãos e agricultores para empregados das fábricas. As condições precárias em que foram inseridos os trabalhadores e as revoluções que decorreram desse novo modo de vida demonstraram ser necessária a intervenção estatal, uma conduta positiva e não apenas negativa (de não intervenção).

Assim, diante da necessidade evidente de um interventor, que regulasse as relações entre mercado e indivíduos, surgiu a segunda dimensão dos direitos fundamentais, inaugurando o constitucionalismo social, representados pelos direitos sociais, econômicos e culturais, voltados a garantir a igualdade material. O estado passou a ter um papel prestacional, devendo assistência aos seus cidadãos.

Os direitos fundamentais de terceira dimensão são aqueles relacionados ao ideal de fraternidade, solidariedade. A titularidade desses direitos é difusa, tendo como característica determinante um alto teor de universalidade, como, por exemplo, direito ao meio-ambiente e ao patrimônio comum da humanidade. Ressalta-se que parte da doutrina ainda fala em outras dimensões, como a quarta dimensão, decorrente da globalização (direitos à democracia, à informação e ao pluralismo), e a quinta dimensão (paz mundial).

Os direitos fundamentais inscritos nas constituições, como direitos humanos positivados, transcendem a mera letra da lei, representando uma moral global, ou seja, possuem validez universal. De acordo com o pensamento de Alexy (2015), os direitos do homem possuem cinco características peculiares, quais sejam: eles são universais, morais, preferenciais, fundamentais e abstratos.

Os direitos humanos são universais porque relativos a todo ser humano; morais porque independem de positivação para serem válidos; preferenciais no sentido de que sua observância é indispensável, estando eles positivados ou não; fundamentais porque são atinentes às garantias e direitos realmente essenciais, prioritários e básicos; e são considerados abstratos uma vez que serão delimitados no caso concreto, não possuindo restrição apriorística.

Uma vez que são universais, uma ciência que estuda os direitos fundamentais é passível de ser estudada e aplicada a qualquer ordenamento jurídico. São direitos que, regra geral, possuem caráter principiológico, ou seja, são propensos a colidir e o conflito entre eles pode ser dirimido sem que haja a exclusão de um deles do ordenamento jurídico ou da situação em análise. Podem ocorrer colisões em sentido restrito, que é quando o direito de um sujeito prejudica o do outro, ou colisões em sentido amplo, que são concernentes aos conflitos com bens coletivos (como a integridade do meio ambiente, por exemplo).

Alexy (2015) ressalta em sua teoria que os direitos fundamentais precisam ser institucionalizados de forma irrestrita, são vinculativos por sua própria natureza, uma vez que intrínsecos à garantia da dignidade da pessoa humana. Mesmo que o legislador não traga respostas prontas sobre qual o peso deve ser conferido a cada princípio a depender de cada situação em concreto, a judicialização é uma alternativa para garantir a efetividade. O autor ressalta que a solução para a colisão nunca deve ser a exclusão de um dos direitos em conflito do ordenamento, todas as normas devem ser levadas à sério.

A título de esclarecimento do que Alexy (2015) define como princípio e regra, ele conceitua esses termos conforme a transcrição abaixo:

> O ponto decisivo na distinção entre regras e princípios é que princípios são normas que ordenam que algo seja realizado na maior medida possível relativamente dentro das possibilidades jurídicas e fáticas existentes. Princípios são, por conseguinte, mandamentos de otimização, que são caracterizados por poderem ser satisfeitos em graus variados e pelo fato de que a medida devida de sua satisfação não depende somente das possibilidades fáticas, mas também das possibilidades jurídicas. O âmbito das possibilidades jurídicas é determinado pelos princípios e regras colidentes.
> Já as regras são normas que são sempre ou satisfeitas ou não satisfeitas. Se uma regra vale, então, deve se fazer exatamente aquilo que ela exige; nem mais, nem menos. Regras contêm, portanto, determinações no âmbito daquilo que é fática e juridicamente possível. Isso significa que a distinção entre regras e princípios é uma distinção qualitativa, e não uma distinção de grau. Toda norma é ou uma regra ou um princípio. (Alexy, p. 90-91)

Como já assinalado acima, a distinção fica clara quando se analisa uma situação de conflito, pois, enquanto o conflito entre regras é dirimido na dimensão da validade, o conflito entre princípios é resolvido na dimensão do peso. É da própria natureza do princípio a colisão e, a depender do caso concreto, será aferido se terá precedência sobre outro princípio ou não.

Princípios são mandamentos de otimização, o que significa que não são definitivos *prima facie*, sua aplicação vai passar pela ponderação, momento no qual serão averiguadas as circunstâncias fáticas e jurídicas. No que concerne às regras, elas são mandamentos definitivos, as circunstâncias fáticas e jurídicas já estão previstas. A regra pode ser superada, porém seu caráter definitivo, a priori, é consideravelmente mais forte.

A necessidade da máxima da proporcionalidade decorre da própria natureza das normas principiológicas e suas submáximas denotam a ideia da otimização. Como procedimento argumentativo, a ponderação é um processo de fundamentação e/ou correção. A ponderação tem sua racionalidade aferida e exigida na medida em que observa as regras de argumentação, através do chamado discurso racional.

As premissas da teoria alexyana se farão necessárias quando da abordagem da temática, mormente na análise das decisões jurisprudenciais sobre a obrigatoriedade do ente público em prestar tratamentos em fase experimental ou ainda não aprovados pelo órgão interno responsável, que integram o âmbito do direito fundamental à saúde.

1.3.1 Dos direitos fundamentais sociais

Os direitos fundamentais sociais, como assinalado acima, estão abrangidos pela segunda dimensão dos direitos fundamentais, tendo em vista que os da primeira geração ou dimensão previam apenas direitos relativos à liberdade dos indivíduos perante o Estado, uma abstenção estatal.

A mudança do paradigma de uma igualdade meramente formal para uma igualdade material trouxe consigo uma necessidade de efetivação de direitos, uma atuação positiva do ente público. Esse novo paradigma social surgiu a partir da Revolução Mexicana e da derrota alemã na Primeira Guerra Mundial, o que culminou no surgimento da Constituição Mexicana, de 1917, e na Constituição de Weimar, de 1919; em ambas houve a previsão de direitos sociais.

Com a inauguração desse constitucionalismo social e a ideia de um Estado prestacionista e interventor, ocorreram alguns impactos já na Constituição Brasileira de 1934, a primeira manifestação do constitucionalismo social no Brasil, tratando do direito à educação e dos trabalhadores. Desde então, houve um considerável desenvolvimento desses direitos no país, tanto na doutrina quanto na jurisprudência.

A Constituição (BRASIL, 1988) trata especificamente dos direitos sociais dos artigos 6º ao 11º, tendo o capítulo II, "Dos Direitos Sociais", do seu Título II, "Dos Direitos e Garantias Fundamentais", reservado ao tema. Contudo, apesar da expressa previsão constitucional de um extenso rol de direitos sociais, ainda permanece a problemática relativa à efetividade desses direitos.

Esses direitos são caracterizados pela necessidade de uma prestação estatal e sua relevância é imensurável, pois são referentes à própria situação econômica e social da população.

Em uma concepção positivista, esses direitos seriam considerados meras normas programáticas, diretrizes que não geram uma obrigação. Por outro lado, há quem defenda que essas normas são plenamente vinculantes. A teoria de Alexy (2013; 2015) mostra-se determinante na solução desse conflito.

A noção de normatividade dos princípios foi consagrada por Dworkin (2002), que também elaborou o método do sopesamento. Essa teoria fomentou a constitucionalização do ordenamento jurídico, vinculando os preceitos infralegais aos constitucionais.

A partir da comprovação da inaptidão de um sistema dotado apenas de regras para resolver e/ou prever todos os conflitos sociais e do fato que os princípios também são normas que formam a *ratio* do Direito, a elaboração do sopesamento deu-se para que não ocorresse discricionariedade exacerbada do aplicador da norma.

Os princípios são normas e possuem plena vinculatividade, diferindo-se das regras pela sua abstração, por serem dotados de uma dimensão de peso e importância a ser mensurada em cada situação, segundo Dworkin (2002).

Alexy (2013), a partir da teoria elaborada por Dworkin (2002) quanto à dualidade das normas, inovou ao conceituar os princípios, afirmando que a diferença entre as regras e os princípios vai além da abstração, sendo, também, uma questão estrutural. Enquanto as regras são comandos definitivos, os princípios são mandados de otimização.

O autor desenvolveu, para a solução do conflito entre os princípios, a máxima da proporcionalidade, composta por três submáximas: a adequação, a necessidade e a proporcionalidade em sentido estrito; os parâmetros que fornece para a solução das antinomias é uma maneira de assegurar que as decisões sejam justas.

Os direitos sociais, espécie de direitos fundamentais, são caracterizados pela sua natureza de mandados de otimização. E, a partir do reconhecimento dos princípios como normas, eles vinculam e devem ter uma aplicação ótima (na maior e melhor medida possível), sempre respeitando e garantindo a proteção do seu núcleo mínimo.

No que concerne ao Brasil, há carências em áreas básicas e essenciais como a saúde, segurança e educação, não tendo sido alcançado o patamar ideal desses serviços prestados, previstos constitucionalmente. A obra de Alexy (2015) se vale da cientificidade para conferir efetividade aos direitos fundamentais, abarcando nessa categoria os direitos sociais.

A previsão normativa precisa ser efetiva, alcançar a realidade social, e, em locais em que há carência na prestação de serviços públicos de natureza essencial, tem se mostrado relevante a participação e influência da dogmática jurídica na construção de diretrizes para concessão de direitos. É notório que o mero fato de se ter um rol de direitos fundamentais sociais não é suficiente para transcender a frieza da lei e ser incorporado na vida de todos os indivíduos.

Os direitos fundamentais sociais são direitos à prestação em sentido estrito, podendo ser obtidos pelo indivíduo perante o Estado ou por meios particulares. Caso o sujeito não possua meios próprios, surge a necessidade da figura interventora do ente público e suas prestações positivas.

A ideia de dignidade humana foi construída para que o qualquer ser humano tenha um desenvolvimento pleno e completo, com acesso equânime às condições básicas de uma vida digna. Os direitos sociais configuram esses ideais basilares do que seria o mínimo de garantias a que cada indivíduo deve ter acesso, como, por exemplo, moradia, saúde e educação.

Para que haja efetividade dos direitos é necessário fornecer meios políticos e econômicos, um caminho para seu alcance. Entretanto, dada a farta demanda brasileira, a ineficiência dos meios político-administrativos e a hipossuficiência econômica de parte considerável da população, os meios jurídicos têm se mostrado relevantes no cenário atual. Daí advém a importância da teoria do jusfilósofo alemão, porquanto orienta em como devem ser efetivados os direitos sociais e os coloca no seu devido patamar, o de direitos fundamentais.

1.3.2 Direitos sociais *versus* orçamento público

Os direitos fundamentais sociais estão elencados na Constituição (BRASIL, 1988), não sendo o problema determinante a questão da positivação desses direitos e, sim, seu âmbito de aplicação, torná-los efetivos em meio a um cenário de desigualdade social.

A teoria de Alexy (2013) pode auxiliar na efetivação desses direitos, uma vez que traz procedimentos para que a argumentação seja racional, bem como auxilia no reconhecimento da efetividade das normas constitucionais sem que haja demérito de outras normas de mesma hierarquia.

Por meio da ponderação é possível que os direitos e as circunstâncias (fáticas e/ou jurídicas) que pretendam restringir a efetividade de outros direitos sejam sopesados, fazendo com que todos os interesses, o direito como um todo, seja realmente levado a sério, como já almejava Dworkin (2002). É um trabalho árduo e hercúleo definir qual a abrangência desses direitos, seus limites, delimitar qual seria seu chamado "núcleo duro".

A questão gera grande impasse, uma vez que o legislador não possui meios de analisar todas as situações possíveis e passíveis de conflito entre princípios durante o processo político e criativo que envolve a confecção das normas, e sequer os tribunais possuem meios de analisar a repercussão financeira que sua decisão naquele caso pode causar ao orçamento público, até porque ele não é o ente competente para determinar medidas de política orçamentária.

A questão é conflituosa, mas, tendo em vista que esses direitos não podem ser excluídos do ordenamento ou da análise pelo julgador (mesmo que não estejam positivados, mas integrem a moral social), a única via que resta é a proposta por Alexy (2015; 2013): tudo é uma questão de ponderação de princípios.

Não se pretende determinar de antemão qual o interesse será satisfeito no caso concreto e, sim, garantir que o interesse será analisado à luz de todos os valores envolvidos, tendo precedência um ou alguns sobre outros que serão mitigados, sempre respeitando o núcleo mínimo de todos os princípios envolvidos.

Os direitos fundamentais sociais são direitos *prima facie*, o que não abala sua vinculatividade, apenas denota que, para se tornarem definitivos, passarão pelo crivo da proporcionalidade. A grande crítica à prestação dos direitos sociais pelo Estado encontra guarida no déficit ao orçamento público.

Qualquer direito a ser garantido demanda um custo aos cofres públicos, um exemplo claro é a liberdade e a propriedade. Para que se tenha o direito à propriedade protegido é preciso segurança, meios que assegurem a proteção desse direito, que também configura um ônus ao orçamento, indireto, mas real.

No que tange aos direitos sociais, esse ônus orçamentário é mais significativo, porque a necessidade de atuação positiva é praticamente integral, a exigência é de que o Estado garanta o direito independentemente de prévia previsão sobre aquele custo, haja vista que não o prestar é contrariar a ideia basilar do mínimo existencial, a dignidade da pessoa humana, senão em todos, pelo menos na maioria dos casos.

Os direitos sociais mínimos, frequentemente, são acompanhados de um custo financeiro impossível de ser desprezado. Por isso, ao poder público caberão escolhas alocativas, e estas decisões tomadas, que passarem pelo processo argumentativo, chegarão ao melhor resultado, que pode não ser o único viável, porém o mais adequado, necessário e proporcional em sentido estrito.

Esses direitos, bem como quaisquer outros, podem sofrer restrições e ter sua efetividade limitada caso colida com a reserva do possível, por exemplo. A cada ponderação feita, a condução ao direito que será definitivamente aplicado ao caso, àquelas determinadas circunstâncias, poderá variar.

Para que seja garantida a efetividade de um direito, deve haver uma análise da situação econômica do ente público, que realmente pode estar em uma situação de crise ou diminuição de recursos disponíveis destinados àqueles tipos de demanda. Não obstante, intervenções, mesmo que significativas ou graves, em direitos fundamentais devem sempre respeitar o núcleo duro desses direitos, para que eles não sejam descaracterizados ou afastados por completo, sob a legação de precedência de outro interesse maior.

A mera alegação de que os recursos são escassos não é suficiente para que prevaleça na ponderação, essa limitação deve ser comprovada e nunca pode desconsiderar completamente o outro direito envolvido. Assim, é indubitável que a cláusula da reserva do possível possa limitar os direitos fundamentais, mas, para fazê-lo, deve suportar uma carga argumentativa consideravelmente relevante, porque, na maioria dos casos, pela sua natureza essencial, esses direitos terão preponderância.

Sempre deverá ser feita uma justificação racional quando da aplicação das normas jurídicas e dos valores envolvidos, o que é intrínseco à própria lógica do Estado Democrático de Direito. Todos os aplicadores, sejam eles juristas ou administradores, devem se valer de métodos racionais para ponderar os interesses em colisão.

Dessa forma, considerando que os direitos fundamentais são direitos do homem positivados e que, por isso, possuem validade moral que independe de formalidades normativas, eles podem ser judicializados, ainda que não positivados, porque sua força vinculativa é ampla. Regra geral, as normas tocantes a esses direitos essenciais têm caráter principiológico, o que faz com que sua aplicação decorra sempre de uma ponderação prévia.

Os direitos sociais são espécie do gênero direitos fundamentais, seguindo a mesma lógica para sua aplicação e tendo como base sua natureza principiológica, ou de direitos *prima facie*. Alexy (2015) apenas salienta que, dessa categoria, o direito ao mínimo existencial representa uma exceção, sendo um direito definitivo, até porque dele decorre o respeito ao núcleo mínimo dos demais valores.

A busca por uma sociedade mais livre e justa, preconizada em sede constitucional, só pode se tornar efetiva se os direitos sociais forem realmente uma diretriz, um parâmetro a ser alcançado, e não apenas normas programáticas. A constituição e suas diretrizes precisam ser levadas a sério, isso deve ser feito através do respeito à racionalidade, ao embasamento argumentativo de uma decisão, seja ela judicial ou administrativa.

A teoria da ponderação é um instrumento indispensável, pois permite um controle da racionalidade das decisões, mormente em um campo arraigado de valores subjetivos como o dos direitos sociais.

Na mesma toada, ao considerar a força vinculante dos valores constitucionais, encontra-se a obra de Hesse (1991), que se coaduna com o que até aqui foi exposto e objetiva esclarecer que o conflito entre os valores constitucionais e os fatores reais de poder não implica necessariamente na vitória do segundo e/ou afastamento integral do primeiro.

Para Hesse, a Constituição possui força ativa caso haja, além da vontade de poder, a vontade de Constituição, que se consubstancia em atender as necessidades sociais, considerando os fatores políticos, jurídicos e socioeconômicos envolvidos.

Os valores da constituição devem estar em consonância com os valores da comunidade na qual está inserida, com a realidade, para que tenha sentido e seja efetiva, ela serve como instrumento de mediação na solução dos conflitos, seus princípios são diretrizes para que a realidade na qual esteja inserida se torne mais equânime.

II
DA REGULAMENTAÇÃO E CONSTRUÇÃO
TEÓRICA

O fundamento do direito à saúde está assinalado no artigo 196, da Constituição (BRASIL, 1988), veja-se:

> Art. 196. A saúde é direito de todos e dever do Estado, garantido mediante políticas sociais e econômicas que visem à redução do risco de doença e de outros agravos e ao acesso universal e igualitário às ações e serviços para sua promoção, proteção e recuperação.

Com lastro no ditame constitucional assinalado acima, bem como no fundamento teórico antes apresentado, pretendeu-se abordar o tema através de uma perspectiva normativa, jurisprudencial e teórica a fim de analisar se tem ocorrido uma aplicação consentânea com o valor exposto no dispositivo no que diz respeito aos tratamentos experimentais.

No Brasil, a lista de medicamentos que devem ser prestados pelo poder público, denominada Relação Nacional de Medicamentos Essenciais (RENAME) padece de diversos questionamentos (CRISTALDO, 2017). Ademais, observa-se a recorrente carência de medicamentos nela constantes nos postos de saúde responsáveis pela distribuição dos insumos. No que interessa à pesquisa aqui tratada, a lista é criticada por conter uma suposta insuficiência e inadequação para o suprimento das demandas de saúde.

Os entes públicos negam-se a prestar os tratamentos que nela não constam (MARASCIULO, 2017), havendo, na maioria dos casos, um desdobramento judicial para pleitear medicamentos e insumos, independentemente da natureza do objeto (experimental, novo não registrado ou já aprovado, mas fora da lista).

Além de alegarem a ausência de recursos, a denominada reserva do possível, frequentemente sem uma comprovação detalhada sobre o orçamento precário alegado, a ausência de registro na ANVISA também tem sido argumento recorrente e tido destaque em alguns casos que se mostraram emblemáticos, como a fosfoetanolamina e os medicamentos derivados da *cannabis sativa*.

A alegação da falta de registro deve-se ao fato já mencionado de que há uma agência reguladora específica para regulamentação, aprovação, registro e fiscalização de medicamentos, a ANVISA, sendo ela a entidade incumbida de emitir as diretrizes normativas sobre a conferência da eficácia e viabilidade de distribuição de alguns medicamentos e insumos em todo o território nacional, desde sua criação.

Objetivando proteger a saúde da população, a agência controla a produção e comercialização de alguns produtos e serviços. Como já explicitado, a presente pesquisa possui enfoque nos tratamentos que não se encontram no rol de aprovados do órgão regulador, com destaque aos considerados experimentais, partindo de uma análise da adequação do rol de tratamentos aprovados para a manutenção da vida e saúde de alguns pacientes.

A saúde é uma demanda de natureza essencial, intrinsecamente relacionada com a manutenção da vida, e vem tendo sua prestação vinculada à atuação do judiciário de forma contumaz. Os tribunais têm estabelecido critérios para a concessão ou não do fornecimento dos tratamentos pleiteados, o que gera conflito com os outros poderes, sob a alegação de invasão de competência. O histórico do medicamento em fase experimental, denominado de fosfoetanolamina ou "pílula do câncer" ilustra bem essa dissonância entre os poderes.

Foram analisados alguns artigos e construções teóricas acerca da problemática que se pretendeu explorar, que serão mencionados ao longo do desenvolvimento. Os artigos esparsos serão utilizados como forma de reforço ou complementação durante alguma abordagem, tendo em vista que grande parte das produções acadêmicas disponíveis nas bases de dados e na internet aberta concernem às reflexões da área médica, o que não se pretende analisar por ausência de conhecimento técnico.

O destaque da fundamentação do trabalho se dá com a regulamentação da ANVISA, a jurisprudência acerca do tema e a obra "Possibilidades e Limites do Controle Judicial Sobre as Políticas Públicas de Saúde" (DUARTE, 2011). O exame de todo o material assinalado é feito sob o marco teórico pós-positivista, conforme já assentado.

As decisões emblemáticas, bem como o percurso de busca aos artigos que poderiam contribuir com o desenvolvimento do trabalho, serão analisadas mais adiante (tabela página 43-45). Resta salientar que foram utilizados alguns artigos estudados no grupo de estudo[1] "Atual Judiciário - Ativismo ou Atitude: judicialização da política e politização do judiciário", com destaque aos textos de Klatt (2014; 2015).

2.1 Da regulamentação da Agência Nacional de Vigilância Sanitária

Conforme supramencionado, o tema em exame pretende abordar os medicamentos ainda não registrados e os medicamentos em fase experimental, com ênfase no segundo.

---

[1] Grupo desenvolvido e orientado, desde 2017, pela Profª. Drª. Cláudia Maria Toledo da Silveira e pela Profª. Drª. Luciana Gaspar Melquíades Duarte, na Universidade Federal de Juiz de Fora. Incluem o grupo os mestrandos do Programa de Pós-graduação em Direito e Inovação orientados pelas professoras e dois juízes federais da cidade de Juiz de Fora, Guilherme Fabiano Julien de Rezende e Marina de Mattos Salles.

Para isso, partiu-se da consideração de que os medicamentos novos não registrados seriam os que já superaram a fase experimental, estando aptos a ser comercializados, ora já o sendo fora do Brasil. Estes medicamentos apenas não teriam sido aprovados pela ANVISA e, por conseguinte, não constariam na RENAME e nem nos anexos das portarias, não podendo ser distribuídos no âmbito interno. Já os medicamentos em fase experimental seriam os ainda não aprovados, em fase de análise somente, não havendo comprovação quanto a sua eficácia ou potencial risco à saúde.

O artigo 7º da Lei nº 9.782 (BRASIL, 1999) dispõe que incumbe à ANVISA estabelecer os parâmetros de fomento, estudo, fornecimento, comercialização, uso, autorizações e registros de produtos:

> Art. 7º Compete à Agência proceder à implementação e à execução do disposto nos incisos II a VII do art. 2º desta Lei, devendo:
> I - coordenar o Sistema Nacional de Vigilância Sanitária;
> II - fomentar e realizar estudos e pesquisas no âmbito de suas atribuições;
> III - estabelecer normas, propor, acompanhar e executar as políticas, as diretrizes e as ações de vigilância sanitária;
> IV - estabelecer normas e padrões sobre limites de contaminantes, resíduos tóxicos, desinfetantes, metais pesados e outros que envolvam risco à saúde;
> (...)
> VII - autorizar o funcionamento de empresas de fabricação, distribuição e importação dos produtos mencionados no art. 8º desta Lei e de comercialização de medicamentos;

VIII - anuir com a importação e exportação dos produtos mencionados no art. 8º desta Lei;
IX - conceder registros de produtos, segundo as normas de sua área de atuação;
(...)
XV - proibir a fabricação, a importação, o armazenamento, a distribuição e a comercialização de produtos e insumos, em caso de violação da legislação pertinente ou de risco iminente à saúde;
(...)
XVIII - estabelecer, coordenar e monitorar os sistemas de vigilância toxicológica e farmacológica;
(...)
XIX - promover a revisão e atualização periódica da farmacopeia;
(...)
XXII - coordenar e executar o controle da qualidade de bens e produtos relacionados no art. 8º desta Lei, por meio de análises previstas na legislação sanitária, ou de programas especiais de monitoramento da qualidade em saúde;

Apesar de haver medicamentos que ainda não são objeto de estudo do órgão regulador ou que ainda não possuem registro, algumas substâncias são legalizadas e utilizadas em outros países. Este é o caso dos medicamentos novos ainda não registrados, situação em que é possível verificar que tanto a agência reguladora quanto a própria jurisprudência (conforme se verá adiante) possuem abertura para sua concessão às pessoas físicas. O próprio site do órgão descreve os requisitos e as especificidades que devem ser observadas (BRASIL, ANVISAa).

A importação de medicamentos é uma possibilidade conferida aos indivíduos para tratamentos de saúde. Entretanto, é necessário observar se os componentes do insumo estão sujeitos a algum tipo de controle, havendo uma portaria (BRASIL, 1998) que, com seu anexo primeiro e suas posteriores atualizações, especifica quais as substâncias submetidas a um controle especial e quais são proscritas (BRASIL, ANVISAb).

O fato de ser uma substância submetida a um controle especial não impede sua importação, mas as resoluções atualizadas devem ser verificadas. Saliente-se que, embora seja possível a importação de substâncias submetidas a controle especial, o comércio desse tipo de produto é vedado, sendo permitido apenas o uso individual.

Caso seja um medicamento que tenha componente submetido a controle, é possível sua importação, sem necessidade de envio prévio de nenhuma documentação para expedição de autorização pelo órgão regulador. Essa possibilidade ocorre nas situações em que não haja medicamento disponível semelhante, que contenha registro ou comercialização, no Brasil; de modo contrário, é vedada a importação do exterior. Essa vedação é concernente não apenas aos produtos com nomes iguais, mas a todos que contenham denominações e/ou substâncias e funções similares. Nesses casos, não ocorrendo a hipótese proibitiva, basta a receita médica ser apresentada na vigilância sanitária responsável por receber o insumo (BRASIL, ANVISAa; ANVISAb).

Como assinalado, a agência determina que algumas substâncias, caso tenham equivalentes comercializadas no Brasil, não poderão ser importadas, bem como impede que medicamentos que contenham as substâncias não listadas como permitidas pela ANVISA possam ser utilizados. Estes componentes proscritos só podem ser utilizados para fins de pesquisa, sendo vedada sua utilização e comercialização no Brasil (BRASIL, ANVISAa; ANVISAb).

Em casos excepcionais, em que não haja alternativa de tratamento viável em âmbito interno, é possível o requerimento de importação de medicamentos à base de substâncias tidas como proibidas, observando-se que o pedido de natureza excepcional deve ocorrer previamente à importação (BRASIL, ANVISAa; ANVISAb).

O aceite do pedido é faculdade do órgão regulador e será feito mediante o envio do pedido formal que conste os seguintes documentos: prescrição médica contendo obrigatoriamente o nome do paciente, o nome comercial do medicamento, posologia, quantitativo necessário, tempo de tratamento, data, assinatura e carimbo do médico; laudo médico contendo CID e nome da doença, descrição do caso, dos tratamentos anteriores e a justificativa para a utilização de medicamento não registrado no Brasil, fazendo uma comparação com as alternativas terapêuticas já registradas; termo de responsabilidade assinado pelo médico e paciente/responsável legal; formulário de solicitação de importação excepcional de medicamentos sujeitos a controle especial preenchido e assinado pelo paciente ou responsável legal. O desembaraço aduaneiro somente é possível mediante a apresentação da autorização (BRASIL, ANVISAa; ANVISAb).

Assim, uma vez que não se trate de importação de substâncias proibidas, o comércio do medicamento é vedado, mas é possível adquirir o produto após a autorização da agência reguladora, sendo necessária apenas a apresentação de alguns documentos no órgão fiscalizador do local de entrada, quais sejam: receita médica e documento fiscal da aquisição, com a quantidade especificada e adequada para o consumo individual (BRASIL, ANVISAa; ANVISAc).

Tais especificações ocasionaram grande repercussão acerca dos casos que envolviam a importação de medicamentos à base de canabidiol, substância de consumo e venda proibido em todo o território nacional até janeiro de 2015. Seja planta ou fármaco, não é possível o uso das substâncias vedadas na lista da ANVISA. Ocorre que, alguns medicamentos são feitos com o canabidiol e comercializados em outros países, sendo aprovados e possuindo eficácia comprovada, o que fez com que sua classificação como substância proscrita fosse alterada para substância controlada.

A vedação gerava controvérsias devido ao fato de que alguns enfermos não possuíam alternativas terapêuticas e, por isso, precisariam sair do país para conseguir ter acesso e direito ao consumo dos medicamentos que continham a substância proscrita, independentemente do custeio público ou particular para consumo da substância. O caso alcançou os tribunais e reformulou o paradigma de aceitação de substâncias impedidas.

Atualmente, a ANVISA possibilita a importação de produtos derivados da *cannabis sativa* para uso próprio, desde que haja prescrição de profissional legalmente habilitado, para tratamento de saúde conforme dispõe a Resolução da Diretoria Colegiada (RDC) nº 17 (BRASIL, 2015). A autorização é de natureza excepcional e possui prazo de validade de um ano, havendo a supervisão diretamente pela autoridade competente.

Os medicamentos que contenham canabidiol não possuíam, e a maioria ainda não possui, registro na ANVISA, sequer aprovação, sendo fármacos novos que não se encontram em processo de aprovação, dada a natureza proscrita da substância no território nacional. A possibilidade de importação foi implementada após o ajuizamento de ações que demandavam essa abertura do consumo, de acordo com decisão jurisprudencial que se verá adiante.

Quanto ao consumo e comercialização da fosfoetanolamina ou de outros medicamentos que ainda se encontram em fase experimental permanece sendo vedado pelo órgão, em consonância com a jurisprudência atual sobre a questão. A "pílula do câncer" é uma situação ilustrativa e que gerou reflexos nos três poderes sobre a possibilidade do Estado não apenas permitir, como também fornecer o consumo de insumos ainda não classificados como seguros e/ou eficazes para humanos.

2.2 Da jurisprudência do Supremo Tribunal Federal

Muitas demandas sobre o direito à saúde, entre tantas outras, chegam ao Supremo Tribunal Federal (STF) pelo seu fundamento constitucional, uma vez que a esse tribunal foi incumbida a função de exercer o controle de constitucionalidade difuso, afora o fato de que ao STF que cabe a última palavra acerca dos litígios que envolvam direitos fundamentais colidentes, como ocorre no presente caso.

Além das disposições constitucionais e legais acerca desse direito, alguns parâmetros são importantes para entender sobre o que se desenvolve a questão e quais diretrizes estão sendo questionadas nos tribunais.

O STF é o órgão responsável pela análise, em última instância, da viabilidade de concessão de medicamentos experimentais, nos casos em que as demandas sejam atinentes a direitos fundamentais, como são os casos que apresentam controvérsia acerca da concessão do direito à saúde.

O tribunal possui um sistema unificado de dados, disponibilizado em sítio eletrônico próprio, que será utilizado para levantamento das informações tocantes ao estado atual da jurisprudência.

No dia 15 de novembro de 2017, às 9 horas e 45 minutos, foi realizado o acesso ao site do STF, clicando-se na aba "jurisprudência" e, no campo "pesquisa livre", foram inseridas as expressões "medicamento$ experimenta$" e "tratamento$ experimenta$", para buscar, inclusive suas variações, mormente a variação no plural. Cabe salientar que foi feita a opção de busca por essas expressões como palavras-chave, caso esses vocábulos viessem a aparecer de forma não organizada ou conjunta no texto das decisões, possibilitando maior abrangência e segurança à pesquisa.

Por fim, ainda na aba jurisprudência, selecionou-se o campo "todas", objetivando a seleção de todos os campos disponibilizados, quais sejam: "acórdãos", "repercussão geral", "súmulas vinculantes", "súmulas", "decisões monocráticas", "decisões da presidência", "informativo" e "questão de ordem". Marcou-se, ainda, a opção "acórdãos anteriores a 1950" e, por fim, clicou-se no campo "pesquisar".

Como resultado da busca, encontrou-se 1 acórdão, nenhuma repercussão geral, nenhuma súmula vinculante, nenhuma súmula, 35 decisões monocráticas, 24 decisões da presidência, nenhum informativo, nenhuma questão de ordem e nenhum acordão anterior a 1950 sobre o assunto. Inicialmente, todas as decisões foram consideradas.

De todas as decisões encontradas, apenas 21 delas se relacionavam diretamente com o objeto de estudo. As demais, em grande medida, apenas citavam a suspensão de tutela antecipada - STA nº 175/Ceará (BRASIL, 2009) ou citavam os termos buscados de forma incidental, sem relação com o objeto de estudo.

A partir dos dados coletados, elaborou-se a tabela abaixo para melhor visualização das decisões correlacionadas à problemática da pesquisa:

Tabela 1 – Decisões atinentes aos tratamentos experimentais no âmbito do Supremo Tribunal Federal:

Autos	Tipos de Decisão	Data de Publicação	Decisão	Natureza do Tratamento
SL 1141/MS	Decisão da Presidência	07/02/2018	concedido	Medicamento novo.
RE 1060517/ DF	Decisão Monocrática	23/08/2017	não concedido	Medicamento experimental.
ARE 1023637/ MS	Decisão Monocrática	02/08/2017	não concedido	Medicamento não fornecido pelo SUS.
STA 844 MC/BA	Decisão da Presidência.	02/08/2017	não concedido	Medicamento experimental.

ARE 1037265/ RN	Decisão Monocrática	08/05/2017	não concedido	Medicamento *off label.*
ARE 1030619/ RN	Decisão Monocrática	22/03/2017	não concedido	Medicamento *off label.*
RE 1024570/ DF	Decisão Monocrática	03/03/2017	não concedido	Medicamento experimental.
ARE 1023959/ MG	Decisão Monocrática	01/03/2017	concedido	Medicamento novo.
STA 828/DF	Decisão da Presidência	17/11/2016	não concedido	Medicamento experimental.
ARE 992351/MS	Decisão Monocrática	04/10/2016	não concedido	Medicamento experimental.
Rcl 24759/DF	Decisão Monocrática	14/09/2016	concedido	Medicamento Novo.
RE 985435/SC	Decisão Monocrática	01/09/2016	não concedido	Medicamento experimental.
ADI 5501/DF	Decisão Monocrática	12/08/2016	não concedido	Medicamento experimental.
AC 4075 MC/SC	Decisão da Presidência	01/02/2016	não concedido	Medicamento experimental.
ARE 698760/PR	Decisão Monocrática	27/11/2014	concedido	Medicamento Novo.

AI 780313/SE	Decisão Monocrática	22/09/2011	concedido	Medicamento Novo.
AI 813063/RS	Decisão Monocrática	19/08/2011	concedido	Medicamento Novo.
STA 260/SC	Decisão da Presidência	10/05/2010	concedido	Medicamento Novo.
RE 354395/SP	Decisão Monocrática	22/03/2010	não concedido	Medicamento experimental.
SS 3403/PR	Decisão da Presidência	04/12/2007	concedido	Medicamento *off label.*
SS 3073/RN	Decisão da Presidência	14/02/2007	não concedido	Medicamento experimental.

Os julgados analisados demonstraram que há uma consolidação da procedência de demandas sobre a concessão de medicamentos novos não registrados, bem como há consolidação da negativa em casos de medicamentos em fase experimental, mesmo antes do julgamento da STA nº 175/Ceará (BRASIL, 2009).

O caso de 2007 (BRASIL, 2007), em que se entendeu pela procedência do fornecimento dos medicamentos *off label,* foi anterior à consagração do entendimento do STF sobre as demandas de saúde com eficácia *erga omnes* e possuía uma peculiaridade: a requerente já estava utilizando a medicação e estava tendo efeitos positivos; o pleito se deu porque a autora não tinha condições financeiras para custear o medicamento.

A pesquisa possibilitou averiguar que o *leading case* STA 175/Ceará (BRASIL, 2009), máxime com o voto do Ministro Gilmar Mendes, foi o que estabeleceu parâmetros definitivos e que tem vigorado nas demais instâncias sobre as demandas de saúde.

É imprescindível salientar que, no presente trabalho e nos julgados pesquisados, há diferenciação entre o que seriam os medicamentos novos não registrados e o que seriam os medicamentos em fase experimental, conforme analisado no tópico relacionado à regulamentação da ANVISA. Sendo assim, restou estabelecido no julgado que o Estado não está obrigado a fornecer os medicamentos ou tratamentos em fase experimental, que seriam os que ainda não estão liberados para a comercialização em âmbito nacional e internacional.

No que concerne aos medicamentos ou tratamentos novos não registrados, restou estabelecido que estes podem ser deferidos, tendo em vista que seu fornecimento é possível pelos serviços particulares de saúde, ainda que não estejam aprovados pela ANVISA ou incluídos na lista do Ministério da Saúde. Tal concessão é viável mediante cautela, devendo haver lastro probatório que comprove que a situação do requerente não irá melhorar ou em muito se agravará sem o deferimento judicial, impondo a dispensação pelo Estado.

Quanto aos medicamentos *off label*, estes foram considerados experimentais pelo STF (BRASIL, 2009), tendo em vista que a comprovação de eficácia e segurança deve ser específica a utilização indicada na bula e não para tratamentos alternativos, que ainda não foram testados ou, se foram, não restou comprovada sua eficiência.

A imposição de fornecimento pelo Judiciário é questionável, uma vez que ele não é o poder competente para a análise sobre quais medicamentos podem ser fornecidos, muitos menos fiscalizar sua distribuição. As críticas decorrem da ideia de que há ofensa ao princípio da separação de poderes, com tamanha ingerência, supostamente indevida, de um dos poderes estatais. Ocorre que, como demonstra a própria natureza do direito, a saúde é fundamental, já sendo consolidada na Corte a possibilidade de concessão.

O fato de termos direitos essenciais, sejam eles individuais ou sociais, não significa que o direito de um cidadão sobrepor-se-á ao de outro ou outros, apenas certifica que o núcleo duro desses direitos não será atingindo em um processo de ponderação.

Diante da omissão dos demais poderes, o Poder Judiciário deve ter papel atuante, não apenas pelo sistema de "freios e contrapesos" (inerente à divisão de competências entres os poderes), mas porque é seu papel garantir que o ordenamento jurídico tenha suas diretrizes cumpridas, não sendo apenas normas ilustrativas ou parte de um ideal regulativo ou programático.

Nos casos das demandas de saúde, a ausência de concessão de um tratamento pode representar a decretação de morte do indivíduo que dele necessita, o fim mais precoce de sua vida ou que esta seja repleta de sofrimento incomensurável. Assim, no caso de ausência de uma política pública estatal que abarque a demanda pleiteada pela parte, mais do que razoável que haja intervenção judicial que garanta a prestação em caso de omissão ou ineficiência.

A ineficiência do ente público não pode vilipendiar por completo o direito dos cidadãos, é necessário que as garantias essenciais à vida de todos sejam protegidas. Nessa toada, encontra-se o precedente ora em análise, corroborando as assertivas até então traçadas.

Caso a ausência de prestação ocorra por decisão administrativa pelo não fornecimento, o julgador deverá analisar se não restam outros tratamentos alternativos disponíveis pelo SUS, haja vista que, havendo alternativas disponibilizadas, estes devem ser preferidos em detrimento de uma que não conste no rol do Ministério da Saúde. Saliente-se que o tratamento alternativo fornecido também poderá ser rejeitado ou contestado judicialmente, caso se demonstre ineficaz para melhora do paciente demandante.

Os casos que envolvem omissão legislativa ou administrativa são mais complexos. A princípio, estabeleceu-se que, nos casos em que os entes públicos foram omissos, a prestação dos medicamentos pleiteados e não incluídos nas listas do SUS deveria ser concedida somente quando houvesse registro na ANVISA, o que impedia qualquer meio de acesso, como, por exemplo, a importação.

O problema dos casos omissos é que a aprovação de medicamentos no Brasil pode demorar, tanto pela demora no pedido de registro quanto pelo fato de determinados países possuírem aprovação mais acelerada, embasada em estudos incompletos e não definitivos, o que não é aceito pela ANVISA. Considerando esse contexto, a jurisprudência sofreu uma reviravolta quanto à exigência do registro no órgão competente nacional.

O registro na ANVISA ainda é um critério importante e diferenciador a ser utilizado pelo aplicador no momento da concessão ou não dos medicamentos, mas casos como o do canabidiol e da fosfoetanolamina alteraram e forneceram alguns e novos parâmetros. A exigência do registro, especificamente no órgão nacional, deixou de ser considerada como a melhor e única alternativa nos casos de omissão, máxime quando se tem um risco de morte iminente ou condições de vida ou sobrevida deploráveis.

Veja-se:

SAÚDE – MEDICAMENTO – AUSÊNCIA DE REGISTRO. Surge relevante pedido no sentido de suspender a eficácia de lei que autoriza o fornecimento de certa substância sem o registro no órgão competente, correndo o risco, ante a preservação da saúde, os cidadãos em geral. (ADI 5501 MC, Relator(a): Min. MARCO AURÉLIO, Tribunal Pleno, julgado em 19/05/2016, PROCESSO ELETRÔNICO DJe-168 DIVULG 31-07-2017 PUBLIC 01-08-2017)

A ementa acima retrata a decisão sobre a constitucionalidade da Lei nº 13.269 (BRASIL, 2016), que permitiu a produção, distribuição, uso e comercialização da fosfoetanolamina sintética. A lei foi aprovada pelo Senado Federal e promulgada pela Presidência como uma espécie de resposta às inúmeras demandas judiciais que pleiteavam o fornecimento da denominada pílula do câncer pela Universidade de São Paulo (USP). As diversas ações reforçam a existência do fenômeno da judicialização do direito à saúde.

O Judiciário foi, de maneira recorrente, acionado para que concedesse o fornecimento da pílula, mas o reconhecimento desses direitos prestacionais envolve dúvida quanto aos limites e ao que compete a cada poder determinar. Com a divulgação da "fosfo", como ficou conhecida a pílula, surgiram diversas ações judiciais para seu fornecimento, contudo, ela não possuía registro na ANVISA, apesar de haver notícias de sua distribuição pela USP.

Diversas ações concederam o fornecimento da "fosfo", inclusive o STF na decisão da liminar da Petição nº 5828

(BRASIL, 2015). A concessão da liminar contrariou o entendimento até então firmado pela suspensão de tutela antecipada (STA) n° 175/Ceará, situação em que se consolidou o entendimento sobre o registro na ANVISA ser um dos requisitos para concessão. Caso não existisse o registro, fixou-se que seria necessário estudo ou reconhecimento do fármaco pleiteado em outros países, juntamente com a comprovação de que não existiria outro medicamento eficaz fornecido pelo SUS ou registrado na agência reguladora.

A decisão de concessão, que contrariou os paradigmas até então estabelecidos, foi suspensa, diante da alegação de que a USP não era indústria farmacêutica, não podendo ser responsável pela produção e distribuição de medicamentos, e que a pílula em questão ainda não representava um fármaco e, sim, uma substância química. Somente foi mantida a distribuição para as demandas que já haviam tido seu pleito favorável, enquanto durassem os estoques.

Logo após a decisão judicial, foi aprovada a Lei n° 13.269 (BRASIL, 2016) que autorizou o uso da substância, mas não estipulou a quem caberia o fornecimento e controle, invadindo a competência do Poder Executivo, determinada pelo artigo 7°, da Lei n° 9.782 (BRASIL, 1999). Por conta disso, foi ajuizada a ação direta de inconstitucionalidade - ADI n° 5.501, que suspendeu a eficácia da retromencionada lei e o uso da pílula do câncer.

O entendimento foi de que houve a invasão pelo Legislativo em matérias do Executivo, atribuídas à cláusula de "reserva de administração", e que não houve omissão da ANVISA, já que a substância ainda estava em fase de testes, não tendo ocorrido falta de regulação deliberada. Ou seja, voltou-se ao patamar estabelecido pela STA nº 175/Ceará, não sendo permitida a concessão de medicamentos ainda em fase experimental.

No que concerne ao caso do canabidiol, que ilustra o caso de um medicamento que tem como composto substância que era proibida até 2014 e passou a ser de natureza controlada para fins terapêuticos em janeiro de 2015, houve a atualização da Portaria nº 344 (BRASIL, 1998). A substância, apesar da proibição interna, é aprovada e registrada como apta para fins terapêuticos em outros países, o que impulsionou a decisão ser firmada no sentido da concessão.

Em abril de 2014 (BRASIL, 2014), a justiça autorizou a utilização de medicamento derivado da maconha para uma menina com epilepsia. Os pais de Anny, de 5 anos, importavam ilegalmente o remédio, até que em decisão concessiva de pedido de tutela antecipada, confirmada em sede de sentença, o juiz Bruno César Bandeira Apolinário, da 3ª Vara Federal de Brasília, liberou a importação, impedindo que o fármaco fosse barrado pelos postos aeroportuários da ANVISA. O caso foi de repercussão nacional, configurando uma decisão[2] emblemática, tendo sido retratado em meios televisivos.

---

[2] (...) Segundo o relatório médico da fl. 108, a autora foi submetida a todos os tratamentos convencionais disponíveis para o controle das crises epilépticas, sem qualquer sucesso. Chegou, inclusive, a receber um implante de marca-passo no nervo vago, também sem resposta satisfatória.

Somente veio a encontrar o alívio para o seu sofrimento no uso do Canabidiol, substância comercializada nos Estados Unidos, com eficácia comprovada no tratamento da EIEE2, porém ainda sem registro no Brasil. De acordo com o relatório da fl. 108, a autora se viu livre das crises convulsivas após a administração da substância em tela.

É compreensível, de um lado, o procedimento adotado pela ANVISA consistente na retenção do medicamento importado para a obtenção de esclarecimentos sobre a finalidade a que se destina, considerando que se trata de produto novo no mercado nacional e tendo em vista a missão de que foi incumbida a autarquia pela Lei n. 9.782/99 de controlar e fiscalizar os medicamentos de uso humano, suas substâncias ativas e demais insumos, processos e tecnologias, assim como a importação, o registro e a fabricação desses produtos, sempre tendo em vista a proteção da saúde da população.

Neste sentido, não há razões para criticar a atuação da ANVISA, pois, diante da circunstância de se tratar de importação de medicamento desconhecido no mercado brasileiro, não se poderia exigir da agência responsável pela vigilância sanitária conduta diversa da que adotou, num primeiro momento, com a retenção do produto, cautelarmente, para a colheita de informações que permitissem a conclusão sobre a possibilidade de liberação do medicamento para uso interno sem risco ao destinatário.

Todavia, uma vez esclarecido o grave estado de saúde da paciente a quem o medicamento se destina e demonstrada a premência da autora na sua obtenção com vistas à preservação dos ganhos obtidos até aqui com sua administração, inclusive com a drástica redução do risco de morte, entendo que não há justificativa para a permanência da retenção do produto pela ANVISA.

As informações técnicas iniciais sobre o produto dão-nos a segurança necessária de que se trata de medicamento extremamente eficaz no tratamento da EIEE2, capaz de anular por completo as reiteradas crises convulsivas que assolam os portadores dessa grave doença, e também seguro, diante da constatação científica da ausência de toxicidade com as doses habituais do composto e de sua excelente tolerabilidade (fl. 105).

Nestas circunstâncias, ainda que se reconheça à ANVISA a prerrogativa de prosseguir com as investigações com vistas à confirmação da eficácia e da segurança do medicamento em pauta, visando ao registro futuro e à liberação da comercialização e uso no Brasil, não se pode cerrar os olhos às evidências já colhidas acerca relevância do CBD no trato da EIEE2 e da imprescindibilidade dessa substância para a preservação da vida da autora.

A experiência tem demonstrado que os procedimentos no seio da ANVISA são demorados, muito em razão da complexidade de sua missão e das averiguações que realiza sobre os produtos postos ao seu crivo para fins de registro e liberação de uso. No caso do canabidiol não será diferente. Decerto que a ANVISA iniciará longo processo para estudo da substância para fins de certificação de sua segurança e da eficácia, para que, só então, eventualmente autorize sua inserção no mercado para o amplo consumo.

Entretanto, não há como fazer a autora esperar indefinidamente até a conclusão desses estudos sem que isso lhe traga prejuízos irreversíveis. É necessário adotar uma solução intermediária, que contemple os interesses de todas as partes envolvidas. De um lado, a ANVISA deve, em razão das atribuições legais que lhe foram confiadas, dar seguimento às pesquisas para a possível liberação do uso do Canabidiol em larga escala no Brasil, fazendo uso do tempo estritamente necessário à conclusão das análises sobre a segurança e a eficácia da substância. De outro lado, no entanto, deve-se tutelar a vida e a saúde da autora, permitindo-lhe que continue a importar e consumir a substância em nosso país até que haja um pronunciamento definitivo da ANVISA sobre o tema.

Em favor da autora estão as evidências quanto à eficácia e a segurança do medicamento no combate à encefalopatia epiléptica infantil precoce tipo 2 (EIEE2), tanto pelo sucesso por ela mesma obtido com o uso do CBD, quanto pelas experiências e estudos feitos no Brasil e no exterior, a acenar com a grande probabilidade de que a substância em debate venha também a ser aprovada pela vigilância sanitária do nosso país como alternativa de tratamento dessa grave doença, na esteira do que já ocorre nos Estados Unidos, por exemplo.

A decisão foi precursora e, após a divulgação do caso, houve decisões que determinaram o fornecimento do medicamento pela própria secretaria de saúde, inclusive decisões autorizativas de plantio e, recentemente, em janeiro de 2017, houve a aprovação do primeiro fármaco à base de maconha pela ANVISA: mevatyl. Percebe-se que a substância, que era proibida, passou a ser controlada e, até mesmo, havendo possibilidade de registro no Brasil pela agência reguladora, demonstrando a evolução da aceitação através da alteração dos patamares previamente estabelecidos de forma jurídica e que essas modificações vêm se consolidando no órgão do Poder Executivo.

Essa solução decorre, ademais, de imposição da Constituição Federal de 1988, que, no artigo 196, estabelece que a saúde é direito de todos e dever do Estado. Portanto, assim como a ANVISA tem o poder-dever de controlar os medicamentos de uso humano que ingressam e circulam no território nacional, compete-lhe, também, a obrigação de proteger a saúde da população brasileira, o que, no caso particular da autora, demonstrou-se ser possível apenas através da liberação da importação e do uso do Canabidiol a fim de que ela dê sequência ao tratamento já iniciado com resultados espetaculares no combate à EIEE2.
De resto, trata-se da única solução compatível com o princípio da proporcionalidade, à vista das circunstâncias reveladas nos autos. Ainda que se vislumbre a adequação e a necessidade da retenção do medicamento por parte da ANVISA no exercício de sua atividade de fiscalização, como meio de efetivação plena do controle sanitário, a restrição administrativa não resiste ao último filtro que conforma o princípio da proporcionalidade, que é o da proporcionalidade em sentido estrito. (...) (Processo nº 0024632-22.2014.4.01.3400; TRF1 - 3ª Vara Federal de Brasília; Dr. Bruno César Bandeira Apolinário; 03/04/2014).

2.2.1 Do enunciado n° 31/2010 do Conselho Nacional de Justiça (CNJ)

O Conselho Nacional de Justiça promulgou o enunciado n° 31 (BRASIL, 2010), que estabeleceu algumas orientações relacionadas às demandas de saúde:

> I. Recomendar aos Tribunais de Justiça dos Estados e aos Tribunais Regionais Federais que:
> (...)
> b) orientem, através das suas corregedorias, aos magistrados vinculados, que:
> (...)
> **b.2) evitem autorizar o fornecimento de medicamentos ainda não registrados pela ANVISA, ou em fase experimental, ressalvadas as exceções expressamente previstas em lei**;
> b.3) ouçam, quando possível, preferencialmente por meio eletrônico, os gestores, antes da apreciação de medidas de urgência;
> b.4) verifiquem, junto à Comissão Nacional de Ética em Pesquisas (CONEP), se os requerentes fazem parte de programas de pesquisa experimental dos laboratórios, caso em que estes devem assumir a continuidade do tratamento; (Grifo da autora)

Cabe salientar que, o CNJ, embora seja órgão integrante do Poder Judiciário, é dotado de funções apenas administrativas, não possuindo jurisdição. Sendo assim, ele não exerce controle sobre os atos jurisdicionais, não possuindo controle sobre as decisões e os despachos de um juiz, independentemente da instância.

Não cabe ao Conselho controlar a constitucionalidade das decisões, apenas legalidade dos atos administrativos dos membros do Judiciário, salvo o STF. Este é hierarquicamente superior, conforme subentende-se do artigo 102, inciso I, alínea "r", (BRASIL, 1988) não podendo sofrer ingerências.

Assim, os enunciados do CNJ possuem natureza de recomendação, não consistindo em uma imposição. Inclusive, conforme colacionado acima, é possível verificar a descrição da diretriz como orientação.

Essa orientação pode servir aos magistrados como uma diretriz, tendo em vista que fornece várias considerações sobre o tema saúde de forma ampla. Mas, apesar de posterior à decisão proferida pelo STF na STA n° 175 (BRASIL, 2009), sobre esta não prevaleceria. A decisão proferida pelo Ministro Gilmar Mendes criou precedente e vinculou as decisões dos demais tribunais.

Todavia, o enunciado não representa uma afronta ao órgão jurisdicional, pois apenas recomenda que seja evitado fármacos sem registro, estando, portanto, em consonância com o que dispôs a decisão judicial, que também orienta na escolha preferencial dos medicamentos registrados e fornecidos pelo SUS.

2.3 Do desenvolvimento literário acerca da temática

A obra "Possibilidades e Limites do Controle Judicial Sobre as Políticas Públicas de Saúde" (DUARTE, 2011) representa o principal embasamento doutrinário acerca do tema, fornecendo respaldo para o desenvolvimento do estudo, na medida em que, embasada no Pós-Positivismo, fornece critérios aptos de serem aferidos no momento da decisão do operador do Direito.

Como já analisado no capítulo anterior, os direitos fundamentais sociais podem ser veiculados por duas espécies de normas, regras ou princípios. Os direitos veiculados como princípios encontram-se em constante colisão dado seu grau de abstração e, por isso, a sua aplicação ao caso será realizada de forma gradual, ponderada.

O direito à saúde possui grande proximidade com o direito à vida, direito este consagrado e essencial no que tange aos direitos humanos básicos, o que compele um maior nível de proteção quando puder acarretar danos severos ou mesmo o fim da vida. Nos casos em que houver tal proximidade, haverá uma necessidade de maior monta pelos recursos públicos, já que sua garantia, muitas vezes, é inviável de ser assegurada pelo próprio indivíduo.

Ocorre que a atuação do gestor administrativo tem sido insuficiente ou inexistente no que concerne à prestação dos tratamentos essenciais à vida ou melhoria da qualidade de vida dos sujeitos que precisam do seu auxílio, o que tem ocasionado um aumento dos litígios jurídicos contra o Poder Público, competindo ao Judiciário à decisão sobre demandas em número cada vez maiores.

Esse fenômeno da judicialização da saúde conferiu maior destaque ao Poder Judiciário, mormente para o estabelecimento de critérios, além dos já estabelecidos pelos demais poderes. A obra aqui estudada, e que serviu de embasamento à pesquisa, objetiva, justamente, oferecer parâmetros para a decisão judicial sobre o direito à saúde.

A possibilidade de concreção gradual dos princípios refere-se ao fato de que, sempre que uma norma que disponha sobre direito fundamental não estiver sendo aplicada em seu maior nível, estará havendo uma restrição. Esta somente poderá ocorrer após um juízo de proporcionalidade, mediante a ponderação com os outros princípios em colisão. Caso a restrição por parte da Administração seja antijurídica, defende-se que poderá haver a ingerência judicial.

A aplicação da máxima da proporcionalidade e suas três submáximas permite que seja observado se o efeito benéfico gerado por uma decisão é maior que seu impacto negativo. Tal ponderação serve como limite e parâmetro para a aplicação da norma. Para esta finalidade, também se verifica a existência do princípio da proteção do núcleo essencial, que serve de amparo para que não haja desnaturação do direito quando da colisão com os demais, representa a esfera ou núcleo duro do direito fundamental que deve prevalecer, mesmo em caso de conflito com outras normas (DUARTE, 2011, p. 78-84).

Os limites impostos pelo processo da ponderação e pela preservação do núcleo essencial do direito são tocantes tanto às decisões a serem proferidas pelo Judiciário, quanto à atuação do legislador e administrador no momento de elaboração de uma lei e aplicação de uma lei restritiva, dando ensejo ao denominado princípio da reserva legal proporcional (DUARTE, 2011, p. 78-84).

A restrição de direitos fundamentais, inclusive os sociais, abarcados nessa categoria e dignos de proteção equivalente, só é plausível perante a necessidade de proteção de outro direito fundamental envolvido em colisão, não importando se de uma perspectiva individual ou coletiva. A supremacia do interesse público sobre o privado não atende a proposta neoconstitucional e sua proteção genérica e abstrata entre interesses (DUARTE, 2011, p. 91-96).

Conforme leciona Justen Filho (2006, p.46), "uma decisão produzida por meio de procedimento satisfatório e com respeito aos direitos fundamentais e aos interesses legítimos poderá traduzir o interesse público". Dessa forma, só é possível aferir o que é interesse público mediante aferição no caso em concreto. Interesse público seria, assim, a persecução de direitos fundamentais, independentemente do fato de se referirem a um ou mais indivíduos.

O orçamento público é digno de análise quando contraposto à exigência de um direito fundamental social como a saúde, que pode envolver tratamentos expressivamente caros. Contudo, há que se registrar que o núcleo essencial do direito à saúde integra o mínimo existencial[3], ao qual a reserva do possível não é oponível. Assim, as demandas de saúde inerente a este núcleo devem ensejar a alocação de verbas suficientes para a sua satisfação.

Ademais, a captação de recursos é ininterrupta no âmbito público, assim, por mais impactante que seja o recurso demandado

---

[3] Para compreensão do que seria o mínimo existencial considerado na presente pesquisa, Toledo (2017) leciona que:

(...) (i) se o Estado é democrático, é formado pela vontade dos membros da sociedade, que, através de representantes, normatizam seus valores e interesses tornando-os direitos – deles, os mais relevantes são os direitos fundamentais; (ii) se o Estado é de Direito, funda-se em ordem jurídica hierarquizada, na qual a Constituição ocupa o ponto ápice – as normas constitucionais de maior peso axiológico são aquelas que declaram direitos fundamentais; (iii) a relação entre esses direitos e o mínimo existencial é direta, conceitual: mínimo existencial é o conjunto dos direitos fundamentais sociais mínimos para a garantia de patamar elementar de dignidade humana.

Isto é, os elementos centrais que compõem o conceito de mínimo existencial são (i) direitos fundamentais sociais mínimos e (ii) dignidade humana.

Direitos fundamentais sociais são direitos a prestação estatal positiva. Essa prestação pode ser normativa ou fática. As prestações estatais fáticas podem se dar na forma de bens, serviço ou dinheiro. Desse modo, direitos fundamentais sociais como saúde, educação, trabalho, moradia, trabalho, segurança social podem ser prestados segundo aquelas formas, sendo do legislador a competência originária de sua escolha1. Dentre os direitos fundamentais sociais, poucos são os que compõem o mínimo existencial. Daí serem eles chamados de direitos fundamentais sociais mínimos. E, finalmente, apenas o núcleo essencial desses direitos forma o conteúdo do mínimo existencial.

para garantia do direito à saúde, no caso, esse impacto pode ser suprido na próxima captação do ente, o que viabiliza o custeio público sem ônus representativo.

O direito também não pode ser obstado mediante o argumento de que, uma vez não fora conferido pelo legislador ou em sede administrativa, seja porque o princípio da reserva legal deve ser proporcional, ou seja, também necessita respeitar o núcleo mínimo das normas atinentes aos direitos fundamentais, ou pelo risco de ferir o princípio da separação de poderes. A despeito da reserva do possível, a garantia do Judiciário deve se dar para garantir a preservação do mínimo existencial.

O núcleo essencial do direito à saúde diz respeito às demandas de primeira necessidade, que seriam aquelas insubstituíveis, já que relativas a possibilidade da perda da vida, ou seja, de natureza irreparável. Essas demandas são excepcionais e imprevisíveis, assim, a mera justificativa de que as despesas precisam obedecer ao princípio programático não impede que ocorram concessões.

As diretrizes sobre programaticidade do orçamento, quando exigidas pelo constituinte, não se referem meramente à garantia de que o orçamento será integralmente destinado ao que está programado de forma prévia, apenas visam auferir transparência e destinação objetiva dos recursos públicos. As programações relativas às finanças, se estas representarem o meio pelo qual será possível garantir um direito fundamental mais relevante, podem ser alteradas.

Por óbvio, caso ocorra, por exemplo, a colisão de duas demandas de primeira necessidade, a impossibilidade de atendimento de ambas, pela escassez de recursos, exigirá do operador do recurso e do direito o estabelecimento de critérios éticos para alocá-los, caracterizando as escolhas trágicas[4].

2.3.1 Demais fontes literárias

Além do referencial teórico e das decisões judiciais apresentados, também foram examinados artigos científicos sobre o tema em questão de forma a se averiguar o estado da arte do objeto da presente pesquisa.

---

[4] Sobre o tema das escolhas trágicas, o STF conceituou e aplicou o conceito em sua decisão paradigmática na STA nº 175 (BRASIL, 2009):
(...) Essa relação dilemática, que se instaura na presente causa, conduz os Juízes deste Supremo Tribunal a proferir decisão que se projeta no contexto das denominadas "escolhas trágicas" (GUIDO CALABRESI e PHILIP BOBBITT, "Tragic Choices", 1978, W. W. Norton & Company), que nada mais exprimem senão o estado de tensão dialética entre a necessidade estatal de tornar concretas e reais as ações e prestações de saúde em favor das pessoas, de um lado, e as dificuldades governamentais de viabilizar a alocação de recursos financeiros, sempre tão dramaticamente escassos, de outro.
Mas, como precedentemente acentuado, a missão institucional desta Suprema Corte, como guardiã da superioridade da Constituição da República, impõe, aos seus Juízes, o compromisso de fazer prevalecer os direitos fundamentais da pessoa, dentre os quais avultam, por sua inegável precedência, o direito à vida e o direito à saúde.

Especificamente, no dia 11 de abril de 2018, às 8 horas e 35 minutos, foi realizada consulta na base de dados "V/LEX", que disponibiliza conteúdos na íntegra de inúmeros países, possuindo, inclusive, livros e revistas de editoras brasileiras e opção de tradução automática para buscas e documentos. A base pesquisada possui amplitude de rede e concentra informações de livros, periódicos, portais jurídicos e de temas diversos, legislação e jurisprudência.

Durante o estudo, foi acessada a base de dados e, em seu campo de pesquisa, digitados os termos "tratamento experimental" e "medicamento experimental". Cabe salientar que não houve delimitação de área de pesquisa e nem aplicação de filtros, para que não ocorresse risco de perda de conteúdo relevante, conferindo maior abrangência e segurança à pesquisa.

Como não houve a utilização de filtros para restrição da busca, esta foi feita nos campos: "legislação", "livros e revistas", "contratos e petições", "normatividade", "jornais oficiais", "decisões administrativas" e "notícias". O campo "jurisprudência" disponibilizado não foi utilizado, tendo em vista que o presente trabalho focou-se nas decisões do STF, utilizando o site do próprio tribunal para realizar a busca pelas decisões atinentes ao tema.

Por fim, como resultado da busca, foram disponibilizados 446 arquivos, sendo 12 relativos à legislação, 41 à livros e revistas, 1 à normatividade, 377 à jornais oficiais e 15 à notícias. Não foram encontrados arquivos pertinentes às decisões administrativas e aos contratos e petições. De todos os documentos encontrados, apenas alguns possuíam relação com o objeto de estudo.

Quanto aos resultados atinentes à legislação, três deles eram a Lei nº 6.360 (BRASIL, 1976), que dispõe regras sobre a vigilância sanitária a que se sujeitam medicamentos, insumos medicinais ou cosméticos. O outro era a Lei nº 8.080 (BRASIL, 1990) relativa às medidas de promoção, proteção e recuperação da saúde. Os demais arquivos eram leis relativas à propriedade industrial.

No campo livros e revistas, os artigos eram relacionados a temas diversos, como, por exemplo, saúde no ambiente de trabalho, experimentação animal, insalubridade, responsabilidade dos planos particulares, modelo processual, biotecnologia e patentes, ônus da prova, propriedade industrial e patentes. Os resultados foram amplos e apenas três arquivos se relacionavam com o tema, sendo eles sobre a fosfoetanolamina (OLIVEIRA, 2016), controle judicial de políticas públicas (ARAUJO, 2014) e judicialização da saúde (BALESTERO, 2014).

No que concerne à normatividade, o resultado não foi relativo ao objeto de estudo, tendo sido encontrado apenas um guia metodológico para estudos econômicos de tecnologias relacionadas à área da saúde, um método para estudo de custo versus benefício tecnológico.

Na área de notícias, quatro publicações estavam relacionadas ao tema. Três são relacionadas ao caso da fosfoetanolamina (BOCCHINI, 2015. RODAS, 2015. REVISTA CONSULTOR JURÍDICO, 2016) e uma sobre a viabilidade de concessão de liminares para tratamentos experimentais (GALLI, 2015).

No que tange aos jornais oficiais, na verdade, eles consistem em publicações do Diário Oficial da União, não possuindo desenvolvimento temático, apenas sinalizando publicações do caderno judicial.

A maioria dos resultados dos campos de busca apenas citavam os termos buscados de forma incidental, não estando em consonância com a pesquisa. Em grande parte, os documentos se referiam à necessidade de ética na pesquisa envolvendo animais, propriedade intelectual e questões amplas atinentes à saúde, mas não abordavam ao tema de forma satisfatória ou condizente com o trabalho.

Como havia o campo relativo às publicações judiciais, nelas havia maior conteúdo, porém, na presente pesquisa, houve uma delimitação prévia da jurisprudência atinente ao estudo. O mesmo pode ser percebido no que toca à legislação aplicável, ela já havia sido delimitada no trabalho.

Os resultados, em grande parte, somente tangenciavam as expressões pesquisadas, o que reforça o ineditismo do presente estudo.

III

A JUDICIALIZAÇÃO DA SAÚDE

3.1 A proteção do direito fundamental à saúde de forma integral e universal

Conforme já demonstrado, o direito à saúde está disposto no título referente à ordem social contido na Constituição (BRASIL, 1988), o que denota que sua garantia objetiva auxiliar no alcance do bem-estar e da justiça social, conforme disposto no art. 193.

A saúde, estabelecida como um direito social fundamental, recebe tratamento especial pelo constituinte, que a ela reservou capítulo próprio. O bem jurídico por ela consagrado possui valor atrelado ao direito à vida e sua proteção demonstra a preocupação com a dignidade da pessoa humana.

O Estado possui, de forma expressa, reconhecimento de sua obrigação prestacional positiva, nos moldes do artigo 196 (BRASIL, 1988), no qual celebra-se um compromisso com a realização de políticas atinentes à promoção, proteção e recuperação da saúde. Este posicionamento está intimamente relacionado com a concepção da Organização Mundial da Saúde –

OMS, que define a saúde como: "um estado de completo bem-estar físico, mental e social e não somente ausência de afeções e enfermidades" (Conceito..., 01).

Esse direito passou a ser tido com um viés mais coletivo do que individual, demonstrando que a saúde deixou de ser apenas uma garantia do sujeito e, sim, um valor comunitário, havendo a necessidade de tratamentos voltados à cura das doenças e, também, os voltados a uma melhor qualidade de vida, além das medidas preventivas, como podem ser enquadradas algumas das políticas sanitárias.

Apesar da tendência de proteção ampla desse direito, o legislador constituinte não estipulou em detalhes os parâmetros de sua proteção e se haveriam limites. Assim, restou ao legislador infraconstitucional o dever de elaborar normas que se encontrem de acordo com os ditames constitucionais, conforme o que ensina Sarlet (2006):

> Quem vai definir o que é o direito à saúde, quem vai, neste sentido, concretizar esse direito é o legislador Federal, Estadual e Municipal, dependendo da competência legislativa prevista na própria Constituição. Da mesma forma, será o Poder Judiciário (ao menos, assim o sustentamos), quando acionado, quem irá interpretar as normas da Constituição e as normas infraconstitucionais que a concretizarem.

O Estado foi incumbido de criar estruturas e órgãos especializados a garantir a prestação do direito à saúde, assim como estipular procedimentos e diretrizes para sua prestação, de modo a orientar quem presta o serviço e quem dele usufrui. Da forma que demonstra Alexy (2015, p. 473): "as normas de organização e procedimento devem ser criadas de forma que o resultado seja, com suficiente probabilidade e em suficiente medida, conforme os direitos fundamentais".

A efetivação dos direitos fundamentais depende de normas definidoras e de organizações especializadas para sua prestação, todavia, essas normas e órgãos são limitados pelos próprios direitos. A Constituição impõe os limites para a criação das normas e parâmetros atinentes às suas diretrizes, consubstanciando uma relação de dependência para que haja validade da lei infraconstitucional.

A própria norma constitucional, em seus artigos 198, 199 e 200 (BRASIL, 1988), atribui competências para a execução de políticas promocionais e protetivas da saúde, instituindo o Sistema Único de Saúde (SUS) como responsável pela sua prestação e regulação.

A despeito de haver previsão constitucional, para o adequado funcionamento do SUS, foi necessária a elaboração de leis especificas, tendo sido criada a Lei nº 8.080 (BRASIL, 1990a), que dispõe sobre as competências e organização do Sistema Único de Saúde, e a Lei nº 8.142 (BRASIL, 1990b), que trata sobre a participação da comunidade na gestão do SUS e sobre as transferências dos recursos financeiros referentes à saúde.

Além das normas infraconstitucionais, também são criadas normas infralegais com o intuito de especializar a prestação, devendo todas elas estar em consonância com a Constituição, que requer a efetividade dos direitos fundamentais, o que entra em colisão com frequência.

As diretrizes do SUS seguem estipuladas no artigo 198 (BRASIL, 1988): I - a descentralização, com direção única em cada esfera de governo; II - o atendimento integral, com prioridade para as atividades preventivas, sem prejuízo dos serviços assistenciais; e III - a participação da comunidade. Ao longo do dispositivo e das demais normas também são estipulados outros parâmetros, porém, o princípio da integralidade aventado é de essencial importância para o desenvolvimento do estudo, assim como o da universalidade.

O princípio da universalidade[5] está presente no artigo 196 da Constituição (BRASIL, 1988), que confere acesso a qualquer

---

[5] O princípio da universalidade é um dos princípios basilares do sistema público de saúde. A sua incorporação ao sistema alçou o direito à saúde ao patamar de exigibilidade universal, um dever do Estado e direito de todos os cidadãos. Mesmo que ainda haja demandas que não são fornecidas pelo ente público ou medicamentos que não constem na RENAME, há o reconhecimento de acesso a todos e a necessidade de elaboração de políticas públicas que visem suprir os interesses da sociedade.

pessoa que dependa do sistema público de saúde, sem caráter contraprestacional. A universalidade representa a base de todo o sistema, porque foi a partir da Constituição de 1988 que o direito à saúde passou a ser reconhecido como disponível a todos, sem a necessidade de contribuição para sua prestação, que não somente ampliou o acesso, mas verdadeiramente redemocratizou o sistema vigente até então.

O acesso previsto é igualitário, todos os serviços prestados devem ser disponibilizados a todos que dele precisem, por isso a gratuidade, tendo em vista que a exigência de contribuição

---

A noção de gratuidade surge atrelada à ideia da universalidade, tendo em vista que para que o direito seja acessível a todos os cidadãos não se pode exigir contraprestação. Caso se exija o pagamento pelos serviços prestados, indivíduos mais abastados terão acesso e os hipossuficientes não. A prestação é gratuita para que esteja ao alcance de todos.

A universalidade é imprescindível para se atingir a equidade e impor restrições ao acesso à saúde, principalmente em uma sociedade eivada de desigualdade social, constitui retrocesso descabido. Afastar a natureza gratuita dos serviços de saúde prestados significa atuar contra a vontade do constituinte originário e do que recomenda a organização mundial de saúde.

Quanto à necessidade de se comprovar a hipossuficiência econômica para ter acesso aos serviços gratuitos, o Ministro Gilmar Mendes na STA nº 175/Ceará (BRASIL, 2009) salientou que o sistema consagrado constitucionalmente é de acesso universal. Estabelecer a hipossuficiência como critério administrativo ou judicial afronta à vontade do legislador constituinte.

Além disso, não cabe restrição à interpretação das normas que tratam de direitos fundamentais; ao revés, eles devem ser objeto de uma interpretação extensiva (SALGADO, 2001), pois constituem o epicentro axiológico do sistema jurídico.

financeira poderia impedir o acesso dos indivíduos hipossuficientes.

A integralidade, outro princípio essencial, encontra-se intrinsecamente ligada aos parâmetros para distribuição de medicamentos e fornecimento de tratamentos, abarcando as atividades preventivas e as assistenciais nos três níveis de complexidade: baixa, média e alta.

Ao cidadão que careça da assistência do SUS caberá o recebimento de prestação integral, tratamento de todas as suas demandas, partindo da prevenção, como a vacinação, e abrangendo o fornecimento dos insumos elementares ao tratamento, além dos atendimentos, cirurgias e internações.

Algumas das demandas judiciais relativas à saúde têm como causa de pedir a ausência de medicamentos, nos protocolos clínicos e diretrizes terapêuticas, para doença específica ou tratamento inapropriado ao usuário. Nesses casos, defende-se a individualização do tratamento, uma vez que a previsão constitucional é de que haja prestação universal, a todos, e integral, abranger a demanda de forma completa.

É inegável que uma relação de medicamentos e insumos gera certa previsibilidade ao orçamento público; entretanto, não pode servir de impedimento à integralidade do sistema, caso seja demonstrado a ineficácia do tratamento fornecido a um determinado caso ou a ausência de medicamentos aptos ao enfrentamento de outras doenças. Este posicionamento encontra guarida no entendimento do STF (BRASIL, 2009), que afirmou que o protocolo clínico não pode violar a integralidade, princípio constitucional que assegura tratamento sem distinção aos usuários do serviço público, colocando-os em situação equânime aos usuários da rede particular.

Caso o Estado não adote medidas positivas para concretizar os preceitos constitucionais, incorrerá em violação do dever que lhe é imposto, incidindo em inconstitucionalidade por omissão, seja ela total ou parcial. O Poder Público também é apto a descumprir os ditames constitucionais, estando seus atos submetidos ao controle judicial, para que se preservem os valores consagrados.

A judicialização da saúde representa, basicamente, o aumento da busca por uma atuação positiva do Judiciário como alternativa para obtenção de medicamentos ou tratamentos negados pelo SUS, seja essa negativa motivada pela falta de previsão na RENAME ou por questões orçamentárias.

Esse fenômeno é reflexo de um sistema prestacional deficitário, uma vez que não está apto a suprir as inúmeras demandas e, por conseguinte, não alcança seu objetivo final: a proteção do direito fundamental à saúde de forma integral e universal. O Poder Judiciário figura, nesse cenário, como o último reduto para garantia de direitos, muitas vezes tendo que dizer o que seria e o que abarcaria o direito pleiteado.

O aumento efusivo das demandas judiciais relativas à saúde preocupa os gestores administrativos, bem como juristas, pois é necessário o estabelecimento de critérios para que não ocorra invasão de competências entre os Poderes e, assim, não se produza um déficit orçamentário. Porém, ainda não foram propostas soluções definitivas.

O que se vem acompanhando é um aumento expressivo das demandas para efetivação das prerrogativas constitucionais e uma dificuldade no estabelecimento de parâmetros para a implementação de políticas públicas deficitárias.

O sistema de saúde no país não tem se mostrado suficiente para efetivar de forma adequada o direito à saúde de toda a população, conforme previsão da Constituição (BRASIL, 1988). Por isso, o Judiciário acaba sendo a última possibilidade de muitos doentes para auferir um medicamento ou tratamento.

Desde 1988, o ordenamento jurídico brasileiro concedeu aos seus cidadãos um extenso rol de direitos. A ideia é que haja a proteção do ser humano de maneira completa, ou seja, que sejam atendidas suas inúmeras necessidades consideradas de natureza essencial.

Considerando diversos fatores, como a desigualdade social ainda vigente, grande parte desses direitos, ou até mesmo todos, dependem de atividades estatais, de prestações positivas dos entes públicos, para que de fato se alcance a igualdade substancial preconizada constitucionalmente.

A questão é que ainda que haja um suporte jurídico, este é faticamente abstrato na maioria das vezes. Para concretizar a consecução de garantias, cabe ao Estado tomar medidas que minorem as desigualdades, afirmando os direitos sociais por meio de qualquer um de seus Poderes. Afinal, um direito, quando legitimado como fundamental social, possui valor imensurável à comunidade em que se insere.

Como já supramencionado, os direitos sociais possuem força normativa, não representando meras diretrizes ou aspirações políticas, sendo amplamente passível sua exigência. São veiculados por normas constitucionais cogentes, aptas de terem sua eficácia exigida, por não serem dispositivos vazios.

Os direitos fundamentais sociais possuem fundamentação formal, pois positivados no ordenamento jurídico, e material, dada sua característica de norma superior, que vincula o Estado e todos os cidadãos, desencadeando a preservação de valores relativos à dignidade da pessoa humana.

Resta saber qual o alcance dessa proteção e obrigação estatal em realizar essas prestações positivas e se, de fato, a ideia de uma intervenção judicial para conceder ou estabelecer parâmetros de concessão invade a competência dos demais poderes e, ainda, se deve ser adstrita à ideia de uma reserva do que seria financeiramente viável ao Estado.

3.2 O núcleo essencial do direito à saúde

O grande marco que consagrou a saúde e os demais direitos fundamentais como prerrogativas que deviam ter proteção máxima em um ordenamento foi a criação da ONU (Organização das Nações Unidas), bem como a Declaração Universal dos Direitos Humanos. O direito à saúde passou a ser tratado como uma questão político-social e não um problema individual dos sujeitos.

A ampliação da ideia de saúde de um contexto individual para uma noção coletiva fez com que ficasse a cargo do Estado a responsabilidade de implementar medidas efetivas de prestação desse direito. Alguns órgãos foram criados, tanto em âmbito nacional como internacional, com intuito de reafirmar esse direito, como a OMS (Organização Mundial da Saúde).

O século XX representou diversos avanços atinentes à asseguração desse direito de modo amplo e universal, mas também houve movimentos em sentido contrário, que defendiam uma responsabilidade subsidiária do Estado. A regra seria a responsabilidade individual, devendo sempre ser observada a reserva do possível, considerando o caráter limitado dos recursos financeiros. Como os direitos sociais atingem diretamente os recursos orçamentários, sobre eles recai mais forte essa doutrina que defende a minoração de uma atuação positiva estatal[6].

Ao passo em que se buscou assegurar direitos mínimos visando uma situação mais justa e equânime, defendeu-se a ideia de mitigar a implementação de medidas, para que não houvesse privilégios de alguns em desfavor dos demais, da maioria.

Não obstante, o fato é que a Constituição (BRASIL, 1988) consagrou a saúde com direito fundamental, nos moldes do que preconiza o constitucionalismo contemporâneo em sede internacional, havendo uma proteção jurídica diferenciada. O Estado deve prover as necessidades sociais que se fizerem relevantes, devendo equilibrar e suprir as lacunas atinentes a esse direito.

---

[6] Contra essa ideia de que apenas os direitos ditos positivos necessitam de arrecadação ao erário, tem- se a teoria de que todos os direitos têm um custo, ou seja, todos os direitos são positivos. Direitos são protegidos e prestados através da arrecadação tributária do Estado, todos os direitos possuem esse caráter arrecadatório e contraprestacional, como lecionam HOLMES e SUSTEIN (2000, p. 151): *"rights are public services that the Government provides in exchange for taxes"*. Sendo assim, *"rights cost money"* e *"rights can not be protected without support and public funds"* (HOLMES; SUSTEIN, 2000, p.15).
Portanto, os direitos, para serem prestados ou protegidos, precisam de dinheiro. Assim como o direito à saúde, os direitos à liberdade e à propriedade também oneram o erário. Holmes e Sunstein (2000) afirmam que todos os direitos são positivos, opondo-se a dicotomia entre direitos que exigem uma ação estatal (ditos positivos) e os direitos negativos, que não exigem atuação do Estado. O governo protege a liberdade e propriedade os cidadãos investindo em segurança pública, por exemplo. Em contrapartida, há impostos a serem pagos.

A exigência sobre uma atuação positiva estatal não é concernente apenas a uma interpretação taxativa da lei, há um valor em cada uma das normas constitucionais, o que torna seu conteúdo essencial.

A questão relativa a qual seria o núcleo essencial do direito à saúde é diretamente vinculada à ideia de preservação da vida, pois a garantia de um estado físico e mental minimamente saudável do ser humano carece de acesso aos medicamentos, tratamentos e insumos médicos basilares para a manutenção da vida.

A Constituição (BRASIL, 1988) é clara ao afirmar em seu artigo 5º, que todos possuem direito à vida, o que representa corolário do princípio da igualdade. Não há como subjugar esse direito aos demais direitos sociais, porque a vida sempre irá prevalecer no juízo de proporcionalidade. Afinal, apenas o ser vivo pode fruir os demais.

Direito à vida é um direito individual oponível tanto aos demais indivíduos quanto às instituições, sejam elas públicas ou privadas, havendo dever de preservação a todos e para todos das suas respectivas integridades física e moral.

A Constituição (BRASIL, 1998) veicula o direito à vida como regra, admitindo exceção apenas em caso de guerra (artigo 5º, inciso XLVII, alínea "a"). Situações de estado de necessidade e legítima defesa também podem configurar exceção, desde que mediante um juízo de proporcionalidade.

A saúde, como direito fundamental, pode sofrer restrições; entretanto, sempre deverá ocorrer a preservação do seu standard mínimo. Considerando a vida como seu núcleo, esta norma de proteção contém um comando definitivo, e não apenas *prima facie*, podendo ser entendida como uma regra.

As demandas de saúde atinentes à preservação da vida e à promoção de uma vida digna, independentemente do custo e da previsão em disposições legais ou infralegais, sendo, assim, aptas à justiciabilidade, caso não haja concessão por parte dos demais poderes.

Uma divisão entre demandas de saúde de primeira e de segunda necessidade ilustram bem a ideia de que há um núcleo intangível, conforme leciona Duarte (2011, p. 132-133):

> (...) cunha-se a expressão *demandas de saúde de primeira necessidade*. O termo justifica-se pela sua importância maior, já que sua satisfação será indeclinável para a preservação da vida humana. Em seu conceito, estarão abrangidas todas as prestações estatais, urgentes ou não, divisíveis ou indivisíveis, módicas ou vultuosamente onerosas, preventivas ou terapêuticas, necessárias para a sobrevida. Serão marcadas por sua elevada essencialidade e, assim, pela imprescindibilidade. Ilustram o conceito formulado, portanto, a distribuição de remédios contra a hipertensão, cuja ausência de ministração pode resultar em um acidente vascular-cerebral fatal. De igual sorte, o combate a doenças endêmicas letais, as obras de saneamento básico, o serviço de coleta, acondicionamento e tratamento do lixo, os

serviços de terapia intensiva, os transplantes de órgãos vitais, etc. incluem-se nas *demandas de saúde de primeira necessidade.*

Para aludir às prestações estatais aptas a aumentar o bem-estar físico, mental e social do homem e, portanto, igualmente contempladas pelo direito à saúde, porém, desconexas da preservação da vida, será usada a expressão *demandas de saúde de segunda necessidade.* Estas serão correlacionadas com a dignidade humana e, assim, plenamente dotadas de jusfundamentalidade, distinguindo-se da primeira tão somente por não terem implicação direta com a manutenção da vida humana. Poderão, entretanto, ter essencialidade variada. Por exemplo, uma vacina contra uma doença que não seja letal, mas que implique em sérias deformidades ou prejuízos para as aptidões motoras será considerada uma *demanda de saúde de segunda necessidade* de elevada essencialidade. Ao revés, um tratamento para acne será considerado uma *demanda de saúde de segunda necessidade* de baixa essencialidade.

O direito à saúde visa à prevenção, manutenção e recuperação da qualidade de vida, sendo assim, a proteção do seu núcleo essencial é proteção da própria vida digna, já que esta é o que possibilita a fruição de todos os direitos, mormente a saúde.

De acordo com a classificação supramencionada, o núcleo essencial se consubstancia nas demandas de saúde de primeira necessidade, podendo também ser integrado pelas demandas de saúde de segunda necessidade, a depender da sua essencialidade e do juízo de proporcionalidade que será feito no caso concreto.[7]

---

[7] Em reunião de orientação com a Profª. Drª. Luciana Duarte (23 de fevereiro de 2018), houve a informação de que o conceito de núcleo essencial estabelecido em sua obra está sendo revisitado, para que sejam incluídas as demandas de elevada essencialidade para a preservação da vida digna, ainda que não vinculadas à sobrevida. Este entendimento

3.3 Da separação de poderes

A Constituição (BRASIL, 1988), em seu artigo 2º, consagrou em caráter de cláusula pétrea, tendo como um de seus objetivos evitar que um dos Poderes usurpe as funções do outro, a separação dos poderes estatais, de maneira que sejam independentes e harmônicos entre si.

Cada um dos poderes possui atribuições especificas e soberania sobre as decisões atinentes às suas funções típicas, mas, para que não ocorram arbitrariedades, o sistema propicia um controle recíproco, visando assegurar os ideais do Estado Democrático de Direito.

A harmonia do sistema é mantida por meio do que se denomina de "sistema de freios e contrapesos" - *checks and balances*, na doutrina norte americana -, que objetiva impedir que ocorra a submissão de um poder a outro. A própria constituição estabelece mecanismos impeditivos da criação de hierarquia entre as funções e possibilidade de desenvolvimento de funções atípicas.

No que concerne ao controle exercido pelo Poder Judiciário em relação aos demais poderes, essa possibilidade e necessidade

---

funda-se no fato de o núcleo essencial do direito a saúde integrar o conceito de mínimo existencial, que, por sua vez, difere-se do conceito de mínimo vital para englobar as prestações de elevada essencialidade para a proteção da dignidade humana.

advém do princípio da inafastabilidade da jurisdição previsto no artigo 5°, inciso XXXV, da Constituição (BRASIL, 1988).

A permissão de interferência entre os poderes em suas funções típicas é motivada pela busca de um bem maior, que é o interesse público, este entendido como o asseguramento de direitos fundamentais. Nesse sentido:

> (...) cabe assinalar que nem divisão de funções entre órgãos do poder nem sua independência são absolutas. Há interferências, que visam ao estabelecimento de um sistema de freios e contrapesos, à busca do equilíbrio necessário à realização do bem da coletividade e indispensável para evitar o arbítrio e o desmando de um em detrimento do outro e especialmente dos governados (SILVA, 2009).

Contemporaneamente, a distribuição tripartite reclama uma atuação eficaz, necessitando de mecanismos que permitam uma efetivação dos direitos fundamentais. Em última *ratio*, cabe ao Poder Judiciário, se provocado, manifesta-se sobre as normas que devem ser observadas e os parâmetros de aplicação, para que a norma não se torne "vazia".

Klatt (2015) denota que pode haver um problema de competência perante a objeção democrática, o Judiciário enfrenta dificuldades burocráticas como os demais Poderes, e também sofre críticas quanto a ausência de representatividade advinda do voto, ou seja, não possuiria legitimidade.

Assinala o autor (Klatt, 2015) que o controle jurisdicional deve ser realizado de forma equilibrada, não devendo ocorrer usurpação de competências, o que configuraria o ativismo judicial (controle excessivo), e sequer a abdicação judicial, que seria um controle insuficiente. As constituições contemporâneas atribuem funções específicas a cada um dos Poderes, protegendo a autoridade dessa outorga.

O princípio da democracia consagra que os indivíduos podem proteger seus interesses em lei, e fazem isso através dos representantes que elegem. Tanto o princípio da inafastabilidade judicial quanto o da democracia são formais, o que significa que ambos não possuem conteúdo, tendo como finalidade estruturar o ordenamento jurídico, fornecendo procedimentos que viabilizem os princípios materiais.

Os princípios formais organizam e orientam a estrutura que viabiliza a ponderação entre os princípios materiais. O Judiciário possui competência para rever as ações e omissões do legislador, o que significa que ele possui competência para analisar o conteúdo da norma, o objeto protegido materialmente. A ponderação visa obter a menor afetação do princípio que será mitigado em face da máxima satisfação da norma prevalente.

A Constituição (BRASIL, 1988) fomenta a atuação do Legislativo e Executivo, que são democraticamente eleitos, mas também vincula a proteção de direitos ao controle exercido pelos tribunais.

O argumento de ausência de legitimidade do Judiciário pela ausência de eleição ou representação direta do povo padece de sustentação viável, haja vista que, como supracitado, o texto constitucional já estipula sua função de controle dos atos, não diferenciando se públicos ou privados.

A revisão judicial, mormente o modelo de pesos e contrapesos dos Poderes, objetiva o equilíbrio entre as competências, de modo a garantir os direitos consagrados sem que haja desvios de sua finalidade.

Esse complexo sistema de controle possui, como órgão máximo do Poder Judiciário, o Supremo Tribunal Federal, que tem como principal atribuição a guarda da Constituição, não violando, portanto, o princípio da separação dos poderes a decisão judicial que visa reparar uma omissão estatal relativa aos direitos fundamentais.

O regular exercício de sua função de resguardar a força normativa atribuída aos ditames constitucionais não transgride a separação de poderes, apenas assegura a supremacia constitucional e a observância de suas normas de forma integra.

O Judiciário não foi incumbido de elaborar ou implementar políticas públicas, mas possui o poder-dever de fiscalizar essas ações, podendo impor o atendimento dos parâmetros legais com vistas a concretizar os direitos fundamentais.

A execução das políticas administrativas cabe ao gestor, mas há abertura para o controle judicial, por meio de um controle das escolhas alocativas, um sopesamento da escolha realizada com as demais possibilidades ou direitos envolvidos, prezando por uma boa gestão pública.

É legitimo, portanto, o controle judicial, desde que voltado à preservação dos direitos fundamentais, à preservação do núcleo essencial ou mínimo existencial dessas garantias. Outrossim, todo poder deve conter limites para que não se torne arbitrário.

Ao Judiciário não foi outorgada a função político-administrativa, mas a gestão política deve ser adstrita às diretrizes jurídicas presentes na Constituição e nas demais normas, cujo controle é feito pelo Poder Judiciário.

3.4 Da teoria da reserva do possível

A teoria da reserva do possível surgiu com o intuito de limitar a atuação do Estado no que tange à necessidade de efetivação de direitos fundamentais, mormente os sociais que, regra geral, demandam uma atuação positiva e repercussão direta no orçamento. Essa noção tem uma visão de certa forma utilitária, considerando que preza pelo direito da maioria.

A origem desse princípio remonta a uma decisão do Tribunal Constitucional Federal da Alemanha, em um caso (BverfGE nº 33, 303 - S. 333) sobre um grupo de candidatos que não conseguiu ingressar no curso de Medicina em uma universidade pública em virtude das vagas serem limitadas.

O pleito dos pretendentes ao ingresso que tiveram sua expectativa frustrada se baseava no artigo 12 da Lei Fundamental Alemã, que leciona que "todos os alemães têm direito a escolher livremente sua profissão, local de trabalho e seu centro de formação".

O tribunal trouxe a baila essa teoria, dispondo acerca da razoabilidade dos pleitos em face do ente público. Não houve reconhecimento da falta de recursos financeiros do Estado, a decisão se fundou na ideia de que não cabe ao poder público destinar recursos a pleitos específicos, pois haveria ofensa ao bem comum, ou seja, aos interesses da maioria da sociedade.

No Brasil, a noção surgiu mais ligada à ideia de que os recursos orçamentários são escassos, havendo limites em contraposição à infinidade de demandas a serem supridas pelo orçamento. O desenvolvimento teórico se deu no sentido de que as prestações relativas aos direitos sociais devem existir na medida em que haja dinheiro nos cofres públicos, ou seja, não há vinculação jurídica do ente público, ele deve prestar caso tenha recursos disponíveis.

Essa ideia de vincular a prestação do direito social aos recursos financeiros disponíveis é criticável. O Estado possui um dever de atuar que se encontra adstrito aos objetivos fundamentais da Constituição (BRASIL, 1988), possuindo gastos públicos tidos como prioritários. Nesse sentido:

> (...) não se pode esquecer que a finalidade do Estado ao obter recursos, para, em seguida, gastá-los sob a forma de obras, prestação de serviços, ou qualquer outra política pública, é exatamente realizar os objetivos fundamentais da Constituição. A meta central das Constituições modernas, e da Carta de 1988 em particular, pode ser resumida, como já exposto, na promoção do bem-estar do homem, cujo ponto de partida está em assegurar as condições de sua própria dignidade, que inclui, além da proteção dos direitos individuais, condições materiais mínimas de existência. Ao apurar os elementos fundamentais dessa dignidade (o mínimo existencial), estar-se-ão estabelecendo exatamente os alvos prioritários dos gastos públicos. Apenas depois de atingi-los é que se poderá discutir, relativamente aos recursos remanescentes, em que outros projetos se deverá investir. (BARCELOS, 2002)

A noção de reserva necessita observar à exigência de pleitos razoáveis, mas é desarrazoada a vinculação à necessidade de dinheiro do ente público de forma quase absoluta para que se concretize a prestação do direito, tendo em vista que além de ter que comprovar que os recursos são suficientes para atender a todas as demandas, se for observada a formalidade legal, deverá se exigir uma previsão orçamentária para a garantia pleiteada, o que obstaculiza a própria prestação do direito de natureza urgente.

Assim, essa construção no ordenamento brasileiro obsta o próprio pleito do direito.

A Constituição (BRASIL, 1988), no seu artigo 198, parágrafo único, apresentou preocupação peculiar com o financiamento da saúde, afirmando que ele deveria ser realizado com os recursos da seguridade social, da União, dos Estados, do Distrito Federal e dos Municípios, além de outras fontes. No próprio Ato das Disposições Constitucionais Transitórias – ADCT (BRASIL, 1988) houve a estipulação, no artigo 55, do percentual mínimo de trinta por cento (30%) do orçamento da seguridade social.

A estipulação de fontes para subsídio do direito, bem como percentual mínimo, denota a importância que foi conferida à saúde, tendo o texto constitucional deixado expresso que o quantum era mínimo, ou seja, caberia ampliação desse valor, mas não a minoração. Foi uma garantia fornecida para que não fossem elaborados retrocessos em normas infraconstitucionais, sendo permitida, inclusive, a ingerência entre os entes estatais no caso de descumprimento do repasse mínimo (vide artigos 34, inciso VII, alínea "e", e 35, inciso III).

Ocorreu, ainda, a elaboração da Emenda Constitucional nº 29, da qual adveio a redação do artigo 77 do ADCT (BRASIL, 1988), estabelecendo percentuais que deveriam ser destinados por cada ente enquanto não fosse promulgada lei especifica (a Lei Complementar n° 141 reiterou o que fora disposto no ADCT).

A atuação do Estado deve estar sempre voltada à observância e promoção dos direitos fundamentais e isso fica evidente com as garantias relativas à destinação orçamentária elencadas no texto constitucional.

A observância do princípio da reserva do possível, ou seja, dos limites orçamentários disponíveis, é relevante para a repartição entre os entes e sua respectiva distribuição nas demandas a serem prestadas. No entanto, esse princípio não possui apenas o viés restritivo, ele visa também que, para atender a uma demanda não prevista previamente, deve haver uma pretensão razoável, pleitos que sejam proporcionalmente exigíveis frente aos eventuais direitos que possam com eles colidir.

O orçamento público é calculado, ou se propõe ser, visando beneficiar toda a população, contudo, ele não pode ser utilizado como um meio de impedir o acesso de alguns cidadãos aos direitos que lhe são intrínsecos.

Algumas medidas austeras foram tomadas no ano de 2016, com a promulgação da Emenda Constitucional n° 95 (BRASIL, 2016) que, impõe limitações aos investimentos públicos nos setores da educação, saúde e segurança. As restrições são estipuladas pelo período de 20 anos, atrelando o aumento do montante a ser investido à inflação acumulada, conforme o Índice

Nacional de Preços ao Consumidor Amplo (IPCA), o que, praticamente, congela as políticas públicas.

A denominada emenda do "teto dos gastos" afeta a população que necessita do sistema público de prestação de serviços, fazendo com que o texto constitucional que almejava o alcance do pleno desenvolvimento social se torne submetido a uma austeridade fiscal. A EC n° 95 ocasiona o engessamento dos direitos da coletividade, visando afastar a ponderação entre a implementação de políticas públicas e a moderação no orçamento.

A cessação ou minoração considerável das prestações que visem garantir direitos sociais não pode ser considerada razoável sem uma análise concreta ou mediante uma negativa prévia da implementação, sem qualquer sopesamento. Existem alternativas para aumentar a arrecadação fiscal, como, por exemplo, revisando as isenções fiscais, maior controle da sonegação, instituição do imposto sobre grandes fortunas e sobre bens móveis de alto custo.

Existem medidas legais que aumentam a arrecadação sem acarretarem no corte orçamentário de áreas essenciais para o desenvolvimento social. Mesmo com a emenda em vigor, não se altera o fato que o sopesamento das garantias colidentes sempre deverá ser realizado para que se verifique a adequação, a necessidade e a proporcionalidade em sentido estrito da demanda. O que não é razoável é o estabelecimento de um obstáculo apriorístico à concessão de direitos.

Justen Filho (1998) ensina que "os valores positivos contradizem-se entre si. (...) A proporcionalidade relaciona-se com o dever de realizar, do modo mais intenso possível, todos os valores consagrados pelo ordenamento jurídico".

Algumas necessidades serão atendidas valendo-se da previsibilidade orçamentária, outras, no entanto, precisarão passar pelo juízo do sopesamento, pois serão conflitantes com outros interesses, casos em que a proporcionalidade orientará ao alcance da melhor solução.

Nos casos difíceis, será necessária a intervenção judicial, quando o planejamento orçamentário não suprir as demandas excepcionais ou custosas, situações em que não seja possível prever e que fogem ao que é demandado pela maioria da população. São necessidades essenciais, mas não similares à dos demais.

Os casos difíceis comumente são enfrentados de duas formas pelo Judiciário: através do deferimento, dada a peculiaridade da situação, considerando que o indeferimento poderia ocasionar graves danos ao pleiteante; ou indeferimento, sob a justificativa frequente de que os recursos são escassos e há princípios financeiros a serem observados acerca da distribuição do dinheiro público.

Resta evidente que a alegação de escassez de recursos versus o direito à saúde representa um conflito normativo a ser dirimido pela máxima da proporcionalidade, sempre respeitando o núcleo essencial dos direitos conflitantes. Como já supramencionado, o standard mínimo da saúde é a vida, ou melhor, as demandas de saúde de primeira necessidade. Estas configurariam normas regras, não podendo ser violadas.

Os cofres públicos podem se recuperar de gastos esporádicos, mesmo que módicos ou significativos, pois há continuidade de contribuição. O que não ocorre com a vida humana, pois, uma vez que pereça, não haverá mais direitos essenciais a serem garantidos ao falecido – apenas os relativos à sua situação *post-mortem*.

Os direitos fundamentais sociais disseminam a ideia de uma vida digna, uma vida que valha a pena ser vivida, ou seja, uma vida que tenha direitos básicos garantidos e integridade física e moral para usufruí-los.

O bem jurídico vida possui natureza de regra. Os princípios financeiros, por maior relevância que possuam e apesar de constarem no texto constitucional, quando colidentes com o direito à saúde em seu núcleo duro, deverão ser afastados, tendo em vista que eles, no caso, apresentam-se como normas princípio e, logo, são refutáveis pela norma regra com a qual colidem.

O estado democrático de direito destina uma proteção especial à dignidade da pessoa humana, visando sobrepujar qualquer espécie de restrição que seja imposta, inclusive, as legais, abarcando a proteção dos direitos fundamentais à vida e à saúde, sendo estes direitos subjetivos inalienáveis. Isso tange também as verbas públicas, conforme excerto do julgado abaixo (BRASIL, 2007):

> 1. A obrigação de fazer que encerra prestação de fornecer medicamentos admite como meio de sub-rogação, visando adimplemento de decisão judicial antecipatória dos efeitos da tutela proferida em desfavor do ente estatal, bloqueio ou sequestro de verbas depositadas em conta corrente. 2. Isto por que, sob o ângulo analógico, as quantias de pequeno valor podem ser pagas independentemente de precatório e a fortiori serem, também, entregues, por ato de império do Poder Judiciário. (...) 4. Deveras, é lícito ao julgador, à vista das circunstâncias do caso concreto, aferir o modo mais adequado para tornar efetiva a tutela, tendo em vista o fim da norma e a impossibilidade de previsão legal de todas as hipóteses fáticas. Máxime diante de situação fática, na qual a desídia do ente estatal, frente ao comando judicial emitido, pode resultar em grave lesão à saúde ou mesmo por em risco a vida do demandante. 5. **Os direitos fundamentais à vida e à saúde são direitos subjetivos inalienáveis, constitucionalmente consagrados**, cujo primado, em um Estado Democrático de Direito como o nosso, que reserva especial proteção à dignidade da pessoa humana, há de superar quaisquer espécies de restrições legais. (...) 6. **A Constituição não é ornamental, não se resume a um museu de princípios, não é meramente um ideário; reclama efetividade real de suas normas.** Destarte, na aplicação das normas constitucionais, a exegese deve partir dos princípios fundamentais, para os princípios setoriais. E, sob esse ângulo, merece destaque o princípio fundante da República que destina especial proteção à dignidade da pessoa humana. 7. Outrossim, a tutela jurisdicional para ser efetiva deve dar ao lesado resultado prático equivalente ao que obteria se a prestação fosse cumprida voluntariamente. O meio de coerção tem validade quando capaz de subjugar a recalcitrância do devedor.

O Poder Judiciário não deve compactuar com o proceder do Estado, que condenado pela urgência da situação a entregar medicamentos imprescindíveis proteção da saúde e da vida de cidadão necessitado, revela-se indiferente à tutela judicial deferida e aos valores fundamentais por ele eclipsados. 8. *In casu*, **a decisão ora hostilizada pelo recorrente importa na negativa do bloqueio de valor em numerário suficiente à aquisição de medicamento equivalente a três meses de tratamento, que além de não comprometer as finanças do Estado do Rio Grande do Sul, revela-se indispensável à proteção da saúde do autor da demanda que originou a presente controvérsia**, mercê de consistir em medida de apoio da decisão judicial em caráter de sub-rogação. 9. Agravo Regimental Desprovido. (Grifo da autora)

Conforme se vislumbra, a vida é um bem jurídico que se sobrepõe aos que com ela eventualmente colidam. Nada obstante, permanece vigente a importância dos princípios financeiros, pois são eles que visam o alcance do equilíbrio financeiro do Estado. Isto é importante para que haja credibilidade do ente estatal, atraindo investimentos e despertando a confiança da população, o que o torna legítimo e viável a desempenhar a suas funções.

A boa gestão das contas públicas não só atrai arrecadações, como torna os serviços públicos mais eficazes. Por isso, não há que se defender o afastamento da regulação fiscal, já que esses princípios também conferem segurança jurídica aos cidadãos a eles subjugados.

Defende-se que não há prevalência das diretrizes orçamentárias sobre a saúde, especificamente às demandas de primeira necessidade, na medida em que não há como quantificar uma vida.

No que concerne às demandas de segunda necessidade, torna-se viável a prevalência dos princípios orçamentários em um juízo de proporcionalidade. Essas demandas estão relacionadas ao bem-estar, à promoção da dignidade humana, mas podem não prevalecer no caso concreto, quando colidam com interesses mais relevantes no caso. Deverá ocorrer, nessas situações, uma análise do nível de essencialidade do pleito versus o abalo as verbas públicas.

Para que seja possível o enfretamento do caso concreto, deve haver a demonstração cabal pelo Poder Público de que não há possibilidade de suprir a demanda, seja ela de primeira ou segunda necessidade, sendo viável a cobrança de demonstrações de planilhas orçamentárias do momento atual e de projeções futuras. Isto porque, mesmo que não seja essencial à manutenção da vida, as demandas de saúde devem ser atendidas, devendo ser obstaculizadas apenas mediante um sopesamento que apresente danos reais ao erário.

Ademais, o estado social, previsto na Constituição de 1988 serviu de justificativa para a elevação da carga tributária. Aumentou-se a tributação para tornar possível a prestação dos serviços tidos como essenciais. A alta carga tributária é equilibrada à medida que as prestações são muitas, que a atuação positiva do Estado é grande.

Há uma estreita ligação entre os compromissos sociais assumidos pelo Estado com a arrecadação de tributos, o que reforça que qualquer negativa deve ser justificada e comprovada, jamais podendo se opor a garantir o que lhe é intrínseco: a função prestacional, garantidora dos direitos fundamentais.

IV
DOS PARÂMETROS VIGENTES

4.1 Das etapas da pesquisa e seu desenvolvimento

No Brasil, existem várias disposições atinentes ao desenvolvimento de estudos para aprovação de novos fármacos e a pesquisa é viável se tiver como finalidade fornecer a cura ou recuperar a saúde do enfermo, ou seja, a conservação da vida digna.

Exige-se que haja um colegiado dotado de *múnus* público, denominado como Comitê de Ética em Pesquisa (CEP), nas instituições que almejam realizar pesquisas que envolvam seres humanos. Esse comitê deve ser independente e interdisciplinar, com vistas a garantir que a pesquisa obedeça a padrões éticos e proteger a dignidade e integridade (moral e física) dos indivíduos que se submetam à pesquisa (BRASIL, 2007).

O Comitê deve ser formado por profissionais de áreas diversas: ciências biológicas, exatas, sociais e humanas. Essa composição pode variar de acordo com a finalidade da instituição e suas especificidades.

A resolução nº 196 do Conselho Nacional de Saúde – CNS (BRASIL, 2007), afirma que pesquisas realizadas em qualquer área de estudo que envolvam seres humanos, seja um sujeito ou um grupo, são pesquisas que devem ser balizadas pelo Comitê e atender suas diretrizes.

Somente depois de analisado e aprovado o projeto pelo Comitê poderá ser iniciado o ensaio experimental, momento em que a pesquisa é definida, pois é quando se concebe quais os procedimentos, custos e amostras serão necessárias para desenvolver a pesquisa.

A fase das pesquisas laboratoriais que envolvem seres humanos é denominada de clínica e é necessária para que ocorra o registro do produto perante a agência regulatória responsável no Brasil, a ANVISA.

Primeiramente, são realizados testes *in vitro* para averiguar a aptidão terapêutica da molécula manejada. Caso sejam apresentados resultados satisfatórios, dar-se-á início a fase denominada de pré-clínica, que envolve testes em animais, possibilitando que o pesquisador treine a técnica e dosagem a ser empregada posteriormente em humanos, planejando a criação de uma metodologia própria ao estudo.

No que concerne aos fármacos e alguns outros insumos, conforme supramencionado, há necessidade da fase pré-clínica, que possui grande relevância, dado que viabiliza a obtenção de informações básicas para o teste em humanos, como segurança e reações.

Existe, outrossim, o Comitê de Ética em Experimentação Animal (BRASIL, 2008a), em que seus membros são incumbidos de conciliar os interesses coletivos e científicos da pesquisa, além dos interesses comerciais, com a ética na utilização de animais – devendo, inclusive, haver substituição por métodos alternativos sempre que possível.

Já no que concerne à pesquisa clínica, há sujeição à regulação de dois órgãos, o Conselho Nacional de Saúde (CNS) e a Agência Nacional de Vigilância Sanitária (ANVISA). Os Comitês (CEP) são encarregados de analisar as consequências éticas da pesquisa, o que deverá ser feito mediante verificação do projeto apresentado e os respectivos documentos listados na Resolução n° 39 (BRASIL, 2008b).

Cabe salientar que, caso a análise pelo CEP não alcance um resultado sobre a viabilidade do estudo proposto, deve ocorrer uma análise em segunda instância, sendo esta realizada pela Comissão Nacional de Ética em Pesquisa (CONEP).

A ANVISA somente inicia a análise da metodologia proposta no projeto submetido após a aprovação pelo CEP ou pelo CONEP. É feita uma avaliação geral, sobre os objetivos do projeto, a destinação e o grupo que será necessário para realizar os testes, bem como o resultado da fase pré-clínica, entre outros critérios estipulados (BRASIL, 2007).

A ANVISA estipula os insumos que estarão sujeitos à vigilância sanitária e as pessoas que poderão manuseá-los para alcance de aprovação do registro. A Lei nº 6.360 (BRASIL, 1976), nos artigos 1º e 2º, determina que:

> Art. 1º Ficam sujeitos às normas de vigilância sanitária instituídas por esta Lei os medicamentos, as drogas, os insumos farmacêuticos e correlatos, definidos na Lei número 5.991, de 17 de dezembro de 1973, bem como os produtos de higiene, os cosméticos, perfumes, saneantes domissanitários, produtos destinados à correção estética e outros adiante definidos.
> Art. 2º Somente poderão extrair, produzir, fabricar, transformar, sintetizar, purificar, fracionar, embalar, reembalar, importar, exportar, armazenar ou expedir os produtos de que trata o Art.1 as empresas para tal fim autorizadas pelo Ministério da Saúde e cujos estabelecimentos hajam sido licenciados pelo órgão sanitário das Unidades Federativas em que se localizem.

Para que se submeta um fármaco ao processo de registro na ANVISA é preciso identificar se seu composto já foi aprovado em mesmas concentrações, forma ou indicações em outra oportunidade. Se sim, o medicamento poderá ser registrado, mas apenas como similar ou genérico, devendo ser submetido à análise de similaridade e bioequivalência com o fármaco de comparação (BRASIL, ANVISAd).

Caso seja um medicamento novo, não havendo registro da substância ativa nos mesmos moldes (concentração, forma farmacêutica ou indicação desejada), será iniciado o processo denominado pesquisa e desenvolvimento, que se consubstanciaria no processo descrito acima: análise de uma molécula *in vitro*, realização de estudos pré-clínicos (em animais) e pesquisa clínica.

Os dados obtidos acerca da segurança e eficácia do medicamento durante o desenvolvimento da pesquisa devem ser apresentados ao órgão regulador, após sua conclusão. A ANVISA, com base nos dados fornecidos, deliberará quanto à liberação ou não do fármaco, permitindo ou não sua distribuição e comercialização no país. (BRASIL, ANVISAd)

O processo de liberação se dá mediante a concessão do registro do fármaco. O registro fornece ao Ministério da Saúde viabilidade para determinar que seja realizada a inscrição prévia no órgão ou na entidade competente, já que cumpridos os requisitos jurídicos, administrativos e técnicos relativos à qualidade dos insumos.

Todo esse processo visa supostamente garantir que os indivíduos tenham acesso a um tratamento adequado, sem que haja exposição a riscos evitáveis. Por isso a exigência de que haja estudos prévios com as substâncias que se deseja registrar.

Os estudos são feitos por centros de pesquisa ou laboratórios independentes, contratados para a pesquisa em específico, ou por centros das próprias empresas que almejam a fabricação do fármaco. Independentemente da escolha pelo local onde se realizará a pesquisa, os laboratórios devem seguir as diretrizes da ANVISA (BRASIL, ANVISAd), além das normas internacionais as quais o Brasil seja signatário.

Todo o procedimento previsto, além de visar a qualidade do produto a ser comercializado, pretende garantir que os indivíduos voluntários no estudo obtenham o máximo de satisfação e o mínimo risco de danos.

Os voluntários serão escolhidos mediante a estipulação de critérios de inclusão e exclusão, que devem ser estabelecidos previamente e específicos à pesquisa. Todos os participantes devem ser voluntários, não sendo possível o pagamento de pessoas para se submeter aos testes, e devem assinar um termo de consentimento livre esclarecido (BRASIL, ANVISAd).

A pesquisa com seres humanos (clínica) é composta por quatro fases (BRASIL, ANVISAd). A primeira é feita com um grupo pequeno de pessoas voluntárias, cerca de 20 a 100 indivíduos sadios, para verificar a segurança do uso em humanos. Existe possibilidade de testar em voluntários que possuem a doença a que se propõe tratar com o medicamento em estudo, mas o objetivo é verificar a reação de organismos saudáveis com as dosagens e interação com outras drogas, como o álcool (FCM,...01).

A segunda fase avalia, além da segurança, o nexo entre a dose e a resposta, ou seja, qual a maior dosagem a que o indivíduo pode ser submetido sem que haja riscos colaterais. O grupo de voluntários requisitado também é pequeno, mas maior que o da fase I (em torno de 100 a 300 indivíduos aproximadamente) e, geralmente, em pessoas detentoras da condição para a qual o fármaco pretende atingir (FCM,...01).

Em geral, caso a fase I tenha bons resultados, a fase II é feita com a proposta de analisar a reação em portadores da doença para a qual o medicamento está sendo testado, já que na primeira fase são convocados, normalmente, indivíduos saudáveis.

Na fase II comumente são distribuídos placebos, que são fármacos com a proposta do medicamento estudado, mas ainda não possuem todos os componentes do produto final.

A terceira fase se propõe a uma checagem mais detida da segurança e eficácia do insumo averiguada nas fases anteriores. Para isso, os testes são realizados com um maior número de voluntários (de 5 a 10 mil pessoas) e por um período de tempo maior, ordinariamente sendo comparados com outros medicamentos comercializados e que tratam a mesma enfermidade (FCM,...01).

Os voluntários da fase III podem receber o fármaco pesquisado ou o tratamento existente e alternativo (ou seu placebo em circulação no mercado). Uma vez tratado com o novo medicamento, almeja-se encontrar resultados mais satisfatórios que o fornecido pelo tratamento habitual. Então, é feita uma comparação para estabelecer qual o melhor tratamento.

A última fase consubstancia-se na averiguação de reações adversas após a concessão do registro e comercialização. São feitos testes de acompanhamento relativos ao seu uso em milhares de pessoas. Em síntese, é feita uma persecução de possíveis efeitos colaterais que possam ser desconhecidos ou não totalmente comprovados (FCM,...01).

Toda essa análise demora, comumente, de oito a doze meses, podendo este tempo ser estendido a depender da complexidade da averiguação necessária. E, caso seja aprovado e a empresa não dê início a comercialização no prazo de 5 anos, ou durante a primeira validade da concessão, os registros não serão revalidados (BRASIL, ANVISAd).

Os fármacos novos precisam passar por todos os processos e fases, porém, caso o tratamento seja comercializado, mas apresente problemas quanto à sua segurança e eficácia, ou mesmo haja interesse em investigar novas finalidades e formas de administração, há necessidade de submissão à fase III da pesquisa clínica.

Os testes em animais, como exposto acima, integram a fase pré-clínica. Os medicamentos, apesar de já testados em laboratório pelo método *in vitro* e em animais, ainda serão submetidos às fases da pesquisa clínica. Os tratamentos são considerados experimentais tanto na fase pré-clínica quanto na maior parte da fase clínica, tornando-se um medicamento aprovado/novo apenas na fase IV, quando já ocorreram os testes em humanos e já está ocorrendo a comercialização. Até a fase III, os medicamentos mantêm o *status* de experimental, não podendo haver comercialização.

Os medicamentos em fase experimental não são liberados para uso e os novos ainda não registrados precisam passar por todo o processo de liberação. Os parâmetros são importantes para garantirem que sejam produzidos e comercializados produtos que não representem riscos ou ludibriem os futuros consumidores, porém, a depender da situação, pode não ser possível esperar todo o processo burocrático.

Uma vez que não seja viável a espera pela liberação do produto, vem sendo depositada a esperança nas decisões judiciais. O Judiciário já estabeleceu algumas diretrizes, conforme demonstra-se abaixo.

4.2 Dos parâmetros judiciais e a necessidade de avanços

Como visto no capítulo anterior, a cada um dos poderes foi atribuída uma função específica e mecanismos para que o sistema mantenha-se harmônico.

As decisões emitidas pelos três poderes possuem soberania, havendo diretrizes na própria Constituição (BRASIL, 1988) que impedem a criação de hierarquia entre eles. Não obstante, visando impedir arbitrariedades ou gestões em desacordo com o texto constitucional, é instituído um mecanismo de controle recíproco, o "sistema de freios e contrapesos".

Essa permissão de controle visa perseguir o interesse público, tido como a persecução dos direitos fundamentais. E, ao Judiciário foi atribuída a possibilidade de emitir a palavra final, função que advém do princípio da inafastabilidade da jurisdição (BRASIL, 1988).

O texto constitucional estimula a atuação positiva dos poderes Legislativo e Executivo, mas assegura que cabe ao Judiciário, mediante provocação, averiguar a implementação adequada dos direitos estabelecidos. Esse entendimento já foi consagrado, inclusive, pelo STF (BRASIL, 2010):

> DIREITO CONSTITUCIONAL. DIREITO A SAÚDE. AGRAVO REGIMENTAL EM AGRAVO DE INSTRUMENTO. IMPLEMENTAÇÃO DE POLÍTICAS PÚBLICAS. AÇÃO CIVIL PÚBLICA. PROSSEGUIMENTO DE JULGAMENTO. AUSÊNCIA DE INGERÊNCIA NO PODER DISCRICIONÁRIO DO PODER EXECUTIVO. ARTIGOS 2º, 6º E 196 DA CONSTITUIÇÃO FEDERAL. 1. O direito a saúde é prerrogativa constitucional indisponível, garantido mediante a implementação de políticas públicas, impondo ao Estado a obrigação de criar condições objetivas que possibilitem o efetivo acesso a tal serviço. 2. **É possível ao Poder Judiciário determinar a implementação pelo Estado,**

quando inadimplente, de políticas públicas constitucionalmente previstas, sem que haja ingerência em questão que envolve o poder discricionário do Poder Executivo. Precedentes. 3. Agravo regimental improvido. (Grifo da autora)

A consagração dessa possibilidade constitucionalmente e o entendimento firmado pelo órgão máximo do Judiciário viabilizaram a formação de um importante precedente relativo ao direito à saúde. A STA nº 175/Ceará (BRASIL, 2009) estabeleceu parâmetros até então inexistentes, referentes à concreção desse direito.

O Judiciário não pode determinar a implementação de políticas públicas específicas, mas pode exigir a eficácia dos direitos fundamentais definitivos. Primeiramente, é preciso averiguar a existência ou não do direito subjetivo no caso concreto.

Caso existam medidas referentes às demandas previstas pelo Sistema Único de Saúde, ocorrerá, a partir do caso concreto, uma análise de seu devido cumprimento. Caso não esteja sendo cumprida a garantia estipulada, mediante a ponderação, será conferido ou não o direito de acesso à parte demandante.

Ocorre que os procedimentos estipulados pelo SUS e os medicamentos constantes na RENAME não esgotam todas as possibilidades de tratamentos. Muitas vezes, a demanda versa sobre prestação de saúde que não é ordinariamente fornecida pelo

SUS. Isso pode se dar por omissão indevida do ente público ou por uma proibição legal de uso.

As empresas privadas brasileiras não podem produzir e comercializar fármacos sem a autorização da ANVISA (BRASIL, 1976). A mesma vedação é estendida ao Poder Público. Porém, diversas demandas são atinentes ao pleito de fornecimento desses insumos vedados ou ainda não aprovados.

Os procedimentos para alcance do registro na ANVISA visam garantir que sejam atendidas medidas básicas de segurança e eficácia aos futuros usuários, sendo uma condição para que o SUS possa incorporar os fármacos.

Porém, restou evidente na STA nº 175/Ceará (BRASIL, 2009) que a necessidade de registro na agência regulatória do Brasil não é uma regra absoluta, ou seja, não afasta de forma definitiva a possibilidade de acesso ao medicamento, sequer sua concessão pelo Poder Público.

O próprio órgão regulador estabelece diretrizes as quais, uma vez atendidas, proporcionam a importação de fármacos não registrados (BRASIL, ANVISAa). A Lei nº 9.782 (BRASIL, 1999), que criou a ANVISA, prevê a possibilidade da ausência exigência do registro de medicamentos adquiridos através de entidades multilaterais internacionais. Restou afastado esse impedimento *prima facie* aos medicamentos ainda não registrados no Brasil.

Outra hipótese levantada no julgado é a motivação para a negativa de fornecimento pelo SUS. Alguns pleitos sobre direito à saúde versam sobre a concessão de tratamentos que não possuem comprovação científica de eficácia. Em situações peculiares, apesar do SUS fornecer um tratamento alternativo ao da demanda, este tratamento não se mostra adequado à determinados indivíduos; ou, de fato, não há tratamento fornecido para determinada doença.

A norma disposta no artigo 196 da Constituição (BRASIL, 1988) possui textura aberta e, por isso, ainda vigoram vertentes que adotam a possibilidade de exigência das prestações estatais apenas no que foi consagrado pela norma infraconstitucional. Assim, apenas vigoraria a obrigação de fornecimento relativa aos protocolos clínicos estabelecidos pelo SUS.

A decisão não rechaçou esses argumentos, salientando, ainda, que a observância dos princípios do acesso universal e igualitário só pode ser alcançada mediante a captação de recursos, que possuem natureza escassa.

Estabeleceu que a rede pública precisa priorizar o fornecimento do tratamento previamente disponível, sempre que não haja respaldo que contrarie sua eficácia ou adequação. A regra é a preferência pelo que está disponibilizado no SUS, até para manutenção do equilíbrio das contas públicas.

Não obstante, ressaltou que isso também não afasta a viabilidade de ser concedido e custeado pelo SUS fármaco ou procedimento não listado. Essa concessão pode se dar pela via administrativa ou pelo Judiciário, desde que demonstrado que, por razões específicas, o tratamento fornecido não é adequado para recuperação e manutenção da saúde do requerente.

Mesmo que ainda não de forma completamente satisfatória, é feita a atualização frequente da RENAME e das diretrizes terapêuticas fornecidas pelo SUS, o que corrobora que esses parâmetros não são imutáveis, servindo apenas como orientação.

Quando não há tratamento fornecido pela rede pública direcionado à determinadas enfermidades, foram apresentadas duas hipóteses pelo relator: o fornecimento dos tratamentos puramente experimentais e os novos tratamentos ainda não registrados.

No que tange ao caso dos tratamentos ainda sem comprovação de eficácia (experimentais), eles ainda estão em uma das fases anteriores à aprovação ou registro, sendo apenas pesquisas não comprovadas e das quais não se conhece as possíveis reações. Chegou-se ao entendimento de que não há como o Estado ser obrigado a prestá-los, tendo em vista que esses tratamentos são submetidos às diretrizes da pesquisa médica, não havendo conhecimento por parte do Judiciário dessas regulações e nem competência para estipulá-las.

Os fármacos em fase experimental não são comercializáveis, porque nunca foram aprovados ou tiveram sua eficácia avaliada. Então, não é, de acordo com a STA 175/ Ceará, possível obrigar o SUS a fornecer tais substâncias, cujas quais sequer há comprovação.

O acesso às drogas experimentais se dá apenas na seara dos estudos clínicos, quando laboratórios distribuem os medicamentos ou placebos para testar sua eficácia e segurança. Entretanto, a decisão observa que, mesmo após o término dos estudos clínicos, os centros de pesquisa continuam obrigados a fornecer as drogas aos voluntários que participaram da pesquisa (FCM,... 01).

Mostra-se razoável o estabelecimento de uso prioritário dos tratamentos disponibilizados pelo SUS e a comprovação de parâmetros mínimos de segurança e eficácia. Contudo, não adianta exigir segurança e eficácia para que seja possível o acesso a esses tratamentos, quando eles representarem a única, talvez última, alternativa de alguns indivíduos.

Todos os parâmetros estabelecidos consideram doenças hipotéticas e pessoas reagindo ao tratamento dentro das hipóteses previamente estudadas. Porém, algumas doenças são peculiares ou alguns indivíduos têm uma resposta diferente do previsto aos tratamentos aprovados.

Em alguns casos, dada a situação excepcional de algumas doenças e pessoas, defende-se a propositura de uma contrapartida do ente público, subsidiando uma parte das pesquisas, para que estas sejam aceleradas e testadas no sujeito que não possui mais alternativas. Se esse indivíduo possui recursos próprios, poderá ele mesmo contribuir financeiramente para sua participação na pesquisa, desde que não haja outro método aprovado no Brasil ou em outro país que possa auxiliar na cura ou manutenção de uma vida digna.

A burocracia é uma aliada para que se garanta probidade dos procedimentos técnicos, porém ela colide frontalmente com o direito à vida em determinadas situações. O Estado tem um gasto imensurável com processos atinentes ao direito à saúde, quando, na verdade, no que tange aos medicamentos em fase experimental, poderia estabelecer diretrizes que liberem o acesso e participação de seres humanos nas pesquisas, desde que não haja outra via alternativa para a tentativa de restauração da saúde do paciente.

Isso não significa não exigir parâmetros mínimos, mas sim estabelecer que pesquisas que possam salvaguardar a vida humana possam ser acessíveis a todos que desejarem, independentemente de sua capacidade de pagar. Para os sujeitos que se encontram em risco iminente de falecimento, não será legítimo exigir eficácia e segurança máxima do tratamento em fase experimental, e viabilizar o acesso de se salvaguardar apenas àqueles que puderem pagar implica negar o exercício da autonomia aos demais, extirpando-lhes a dignidade consagrada constitucionalmente.

Quanto à voluntariedade de participação na pesquisa, pode-se pensar em um acordo de compensação caso o fármaco demonstre viabilidade no decorrer dos testes, para que não haja uma mercantilização da saúde de maneira apelativa, já que os sujeitos que procuram esse meio alternativo estarão em situação de desesperança.

Já no que concerne aos medicamentos novos, ou ainda não registrados pela ANVISA, observou-se que o desenvolvimento da ciência médica não é estanque e, por isso, dificilmente consegue ser acompanhada pelos procedimentos burocráticos previstos pelos órgãos estatais.

A existência de protocolos e diretrizes almeja uma distribuição equilibrada do orçamento público e a segurança dos indivíduos que a eles se submetem. Contudo, a lentidão para a aprovação de novos fármacos e sua incorporação nos tratamentos disponibilizados pelo SUS pode desencadear situações de desigualdade, pois quem possuir recursos financeiros poderá ter acesso ao fármaco através da procura em outros países ou por importação mediante aceite da ANVISA.

Os indivíduos hipossuficientes não estarão em posição igualitária, havendo diferença entre as opções dos usuários da rede privada e os da rede pública. Isso fere os ideais de universalidade e igualdade que foram preconizados constitucionalmente.

O princípio da integralidade também seria vilipendiado nessas situações, uma vez que a estrita observância dos protocolos clínicos do SUS restringiria as opções dos usuários, não atendendo as demandas de forma completa, integral.

Restou claro o entendimento de que pode haver impugnação judicial, através de demandas individuais ou coletivas, nos casos de omissão administrativa sobre tratamentos específicos. Mas a comprovação do alegado e da necessidade do tratamento alternativo, diferente do fornecido, foi considerada essencial.

Destacou-se, também, que o valor elevado do fármaco não afasta a possibilidade de fornecimento do remédio. Afinal, na política de medicamentos elaborada pelo Ministério da Saúde (BRASIL, 2001) há previsão de dispensação de medicamentos excepcionais, visando à contemplação dos indivíduos que possuam doenças raras ou reações peculiares aos tratamentos habituais.

A existência de uma política de medicamentos excepcionais reforça o argumento defendido de que também deve haver custeio público dos medicamentos ainda não aprovados pela ANVISA, desde que comprovada a situação diferenciada e a eficácia do fármaco pleiteado.

A previsão de recursos para situações excepcionais não pode ser vinculada a rol prévio de tratamentos listados, pois a sua previsão se dá justamente pelo surgimento de situações inesperadas, não previsíveis.

A decisão proferida pelo Ministro Gilmar Mendes balizou toda a construção jurisprudencial que se desenvolveu sobre o direito à saúde. Os parâmetros estabelecidos ainda seguem vigentes.

Pacificou-se o entendimento de que os medicamentos em fase experimental que possuem comprovação de eficácia fornecida por laudo médico e atestada ineficácia da medicação disponibilizada pelo SUS, bem como os fármacos em fase experimental sem registro na ANVISA, mas com registro no exterior, podem ser concedidos. São casos em que deverá ocorrer a ponderação dos interesses colidentes. Apesar de experimentais ou ainda não registrados no Brasil, esses medicamentos já possuem comprovação de eficácia em outros países, podendo ser considerados medicamentos novos não registrados.

Também é viável a concessão de fármacos que tiveram o pedido de registro negado pela ANVISA (BRASIL, 2016), tendo em vista que é possível que haja o registro em outros países, já tendo havido os testes aptos a garantirem a segurança e eficácia do fármaco.

Nos casos dos fármacos denominados *off label,* não é possível a exigência do fornecimento (BRASIL, 2017). *Off label* são medicamentos utilizados e indicados para uso fora da indicação da bula. São fármacos que não possuem autorização emitida por alguma agência reguladora para o uso que está sendo prescrito - o já pode ser permitido ou aprovado em outro país, mas não no território nacional.

Como não há comprovação de eficácia e segurança para o uso fora dos protocolos de teste ao qual foi submetida a substância, é vedado seu consumo, havendo o entendimento de que o Poder Público não pode ser obrigado a concedê-lo para finalidades diversas das quais possui aprovação no Brasil ou em outros países. Mais uma vez a burocracia se mostra desarrazoada.

As pessoas que padecem da falta de alternativas já comercializadas não possuem tempo de esperar a criação de um tratamento, a maioria se encontra em situações que demandam urgência. Medicamentos *off label* possuem comprovação de segurança, pois são comercializados, só que para outra função, não devendo haver óbices ao seu fornecimento.

Entende-se que, apesar do que decidiu o STF (BRASIL, 2009), no que concerne à falta de comprovação de eficácia, o produto *off label* pode conter substâncias que apresentem reações diante da doença do sujeito. Tal possibilidade pode ser atestada pelo médico responsável, sem necessidade de aguardar testes clínicos. Além do mais, basta a receita médica para que muitos dos fármacos que seriam assim considerados possam ser comprados e utilizados, já que não há proibição de comercialização.

Quem pode pagar compra o medicamento tido como *off label*, mas os que não possuem recursos não terão possibilidades de adquirir o tratamento. Isso representa uma situação de desigualdade evidente, o que não pode ser sustentado pelo Estado, seja por via administrativa ou judicial. Esse parâmetro estabelecido se apresenta contraditório ao ideal isonômico assinalado na Constituição (BRASIL, 1988).

4.3 Uma questão de recursos e/ou de segurança?

Casos como o dos medicamentos à base de canabidiol e o fornecimento da fosfoetanolamina sintética despertaram questionamentos acerca da possibilidade de uso e possível comercialização.

Conforme mencionado no capítulo 2, a ANVISA enquadrava os insumos fabricados com o canabidiol e, principalmente o tetraidrocanabinol (THC), ambos derivados da *cannabis* como proscritos, o que inviabilizava a importação e uso, ainda que aprovados em outros países.

Em 2015, a agência retirou o canabidiol da lista de proibidos, o que viabilizou sua importação. Atualmente, a ANVISA permite tanto a prescrição quanto a manipulação da substância para finalidades medicinais.

Esse avanço alterou paradigmas acerca da norma interna, tendo em vista que, apesar de ser um tratamento aprovado e comercializado em outros países, pela natureza proibida da substância havia o impedimento. A substância passou a ser permitida dada às inúmeras demandas interpostas perante o Judiciário.

A omissão ou negativa administrativa em atualizar os procedimentos e insumos que podem ser utilizados ocasionou o fenômeno da judicialização da matéria. Diante das concessões judiciais, houve uma nova forma de interpretar a necessidade dos pleiteantes.

Atualmente, tido como um tratamento viável e comercializável em âmbito interno, os indivíduos estarão em situações equivalentes, podendo pedir acesso aos fármacos derivados da *cannabis*. O único ponto que distingue os sujeitos seriam os recursos financeiros, já que os compostos ainda não integram a lista de medicamentos e procedimentos fornecidos pelo SUS.

Já no caso da fosfoetanolamina sintética, a questão atinge ponto mais complexo, pois a negativa não advém apenas da via administrativa. O entendimento judicial também é no sentido de que os tratamentos tidos como experimentais não são aptos a serem fornecidos pelo Poder Público.

O comprimido que continha a substância, com um custo de fabricação de aproximadamente R$0,10, foi fornecido até de forma gratuita pelo químico aposentado Gilberto Orivaldo Chierice, responsável pelas pesquisas atinentes à substância na Universidade de São Paulo, até que uma portaria do próprio instituto vedou a distribuição. Daí iniciaram-se os pleitos judiciais.

A distribuição da substância firmou-se como vedada, sob a justificativa de que poderia oferecer vários riscos à população, já que não haviam sido feitos testes adequados em seres humanos. As questões atinentes à segurança e eficácia não haviam sido comprovadas, não tendo sequer sido apresentado protocolo junto à ANVISA para possível aprovação e registro, após as fases exigidas.

Há uma metodologia a ser seguida em todas as pesquisas e, nas que envolvem seres humanos, o rigor metodológico é maior. Mormente no que diz respeito ao direito à saúde, provas substanciais de eficácia e de ausência de riscos precisam ser demonstradas, para que seja viabilizado o uso e venda dos fármacos.

A substância não foi apresentada à ANVISA para que pudesse passar pelas fases de testes, porém, ultrapassou a fase laboratorial, pois as pílulas foram distribuídas por mais de 20 anos a pessoas aleatórias e que eram portadoras da enfermidade. São inúmeros relatos de pessoas que se dizem curadas com apenas a utilização da pílula, indivíduos que sequer se submeteram aos tratamentos convencionais, como a quimioterapia e radioterapia (PIOVEZAN, 2015).

Como a pílula já estava sendo fornecida a alguns indivíduos voluntários e a alguns que tiveram sua demanda deferida judicialmente, quando o Supremo Tribunal Federal negou a obrigatoriedade do Poder Público em conceder a substância, estipulou que as pessoas que já estavam tomando a pílula deveriam continuar recebendo-as até que os estoques acabassem.

A decisão do STF, além de afirmar que não cabe ao Estado o fornecimento de tratamentos em fase experimental, afirmou também que não seria possível a concessão em virtude do potencial risco que poderiam ser expostos os indivíduos ao consumirem algo sem comprovação científica.

A Lei nº 8.080 (BRASIL, 1990), no artigo 7º, inciso III, prevê a noção de preservação da autonomia das pessoas na defesa de sua integridade física e moral, relativo à escolha dos tratamentos aos quais pretende se submeter.

A autonomia na escolha dos procedimentos de saúde visa garantir que o indivíduo estará ciente dos riscos, efeitos colaterais e qualquer possível reação do seu organismo aos componentes. Ou seja, deve haver o máximo de transparência para com o paciente, mantendo-o ciente de todas as suas possibilidades de escolhas.

Ser livre e autônomo para decidir envolve poder escolher o tratamento que considera mais adequado para sua enfermidade. Porém, ao se vedar o acesso aos tratamentos em fase experimental, o âmbito de escolha acaba sendo reduzido não por vontade do agente e, sim, por determinações de poderes estatais[8].

Os questionamentos não ficam apenas em torno da questão da autonomia, mas seguem correlacionados a um possível rompimento da ideia da integralidade dos serviços de saúde. Será viável vedar, de forma prévia, o acesso a tratamentos a que um indivíduo autônomo possa ter interesse em se submeter? Em caso negativo, o Poder Público deveria subsidiar o tratamento de sua escolha?

Os parâmetros vigentes possuem um raciocínio interessante e figuram como uma medida protecionista, até mesmo paternalista, por parte dos órgãos públicos. Porém, a justificativa de suas decisões segue estritamente vinculada a critérios burocráticos de concessão. Assim, deve haver uma observância às diretrizes da agência reguladora, mesmo que seja a de outros países, já que é aceita a importação e distribuição de medicamentos aprovados no exterior.

---

[8] A autonomia integra a noção de dignidade humana, todo direito fundamental está atrelado à ideia de liberdade. Assim, o princípio da autonomia da vontade advém do princípio da dignidade da pessoa humana, estabelecendo a liberdade para a manifestação da vontade. Nesse sentido, Azevedo (2010, p. 13) expõe:

(...) a autonomia e a liberdade integram a dignidade. Assim, cada direito fundamental contém uma expressão da dignidade, isto é, de autonomia e de liberdade. O direito à vida garantido constitucionalmente no art. 5º, caput, CF/88, por conseguinte, pressupõe não apenas o direito de existir biologicamente. Se o direito à vida é um direito fundamental alicerçado na dignidade humana, a vida assegurada pela Constituição é a vida com autonomia e liberdade.

É vedado o fornecimento de fármacos sem a comprovação de segurança e eficácia sob a justificativa que remete ao estabelecimento do núcleo essencial do direito à saúde: a proteção da vida. O direito à vida é inalienável, não sendo disponível nem pelo próprio sujeito no ordenamento jurídico brasileiro.

A proteção do direito envolve não só a vida, mas a qualidade de vida (vida digna) e, como os tratamentos em fase experimental supostamente não possuem comprovação de não fornecerem riscos, seria inviável permitir submissão a riscos não calculados.

Para o comércio ordinário de medicamentos, é salutar a exigência de registro prévio em órgão próprio, uma vez que, a princípio, a decisão de um indivíduo, ao adquirir um fármaco, envolve a pretensão de sua eficácia.

Todavia, a questão fica mais complexa quando a situação envolve a falta de alternativas, quando o demandante não possui outros meios para salvar sua vida, senão os ainda não testados e aprovados.

A vedação da liberação de um tratamento em fase experimental é referente a pessoas que dependem da rede pública de saúde e às que utilizam as redes particulares, assim, ocupam posições de igualdade.

A igualdade de oportunidade merece observância, tendo em vista que o ordenamento foi protecionista ao estabelecer direito à vida de forma que mesmo o portador do direito dele não pudesse se desfazer. As diretrizes são importantes para que não haja oportunidades diferenciadas entre os indivíduos no que tange à manutenção de suas vidas.

Todas as medidas possuem a justificativa voltada à necessidade de segurança e eficácia do tratamento, o que configuraria uma leitura do princípio da integralidade como sendo o tratamento de toda a demanda do sujeito, desde que com procedimentos aprovados pelos órgãos competentes.

Razoável admitir tal proposta, tendo em vista que os Poderes possuem como função a criação de diretrizes básicas e organização das estruturas relativas às prestações positivas do Estado, desde que as normas criadas não obstem com um direito de nível hierárquico superior.

A autonomia é uma das garantias constitucionais, entre outras. O legislador constituinte decidiu que o direito à vida se sobrepõe a essa liberdade de escolha e acesso a qualquer tipo de tratamento, vedação semelhante ao uso de substâncias ilícitas e nocivas ao organismo.

Caso seja possível que alguém com recursos financeiros tenha acesso aos fármacos experimentais, na medida em que o critério diferenciador do acesso passaria a ser a possibilidade de custeio e não mais uma regulação isonômica sobre vedação de medicamentos potencialmente lesivos ou com segurança ainda não averiguada não se reputa juridicamente correto que o Estado não garantisse o acesso aos hipossuficientes que o desejarem.

Registre-se que o Estado não pode ser compelido ao custeio de todo e qualquer desejo individual. No caso em estudo, a conclusão pela viabilidade decorre da imbricação do anseio com a possibilidade de preservação da vida humana. Portanto, está a se tutelar o direito à autonomia correlata à vida.

As pesquisas com seres humanos têm que obedecer a critérios mínimos e apresentar os requisitos estipulados para escolha de um grupo de indivíduos que poderão ser voluntários em algum estudo em desenvolvimento. Mas os critérios variam de acordo com o país.

Caso haja a possibilidade de compra do medicamento, ainda em fase experimental, em algum outro local, é razoável que se cogite a possibilidade de importação e financiamento pelo Poder Público, visto que, do contrário, haveria um desequilíbrio no acesso tido como universal e igualitário ao direito à saúde.

Mesmo que não seja possível o acesso individual por meios financeiros, defende-se que os critérios balizadores da ANVISA, segurança e eficácia, só fazem sentido para os sujeitos que ainda podem tentar os meios convencionais, para os quais não resta nenhuma alternativa viável.

Os indivíduos possuem autonomia para escolher se submeter a um tratamento com eficácia ainda não comprovada e a segurança pode ser relativizada aos que não possuem alternativa. A submissão voluntária e antecipada aos testes clínicos ou ainda em testes pré-clínicos pode ter um permissivo, já que é o último meio para tentar resguardar a vida.

Como as pesquisas possuem um gasto, a antecipação dos testes pode ter um custo para os laboratórios. Esse custo pode ser compensado pelo particular ou pelo Estado após ou anteriormente à utilização, através da disposição de critérios para incentivo às pesquisas desenvolvidas pela pessoa jurídica fornecedora. Porém, não é razoável obstar o acesso pela falta de comprovação de eficácia e segurança, nos casos em que os meios já aprovados se mostraram inaptos, não eficazes.

As diretrizes burocráticas são questionadas com frequência, não apenas pelos indivíduos que a elas se submetem como, também, pelo Judiciário e pelo próprio administrador. Elas precisam fazer sentido na *práxis*.

A ANVISA é alvo de críticas pelo próprio Ministério da Saúde (VARGAS, 2018), o que denota que sua burocratização excede a razoabilidade da função que lhe foi imposta e contribui para a formação de monopólios, ao invés de apenas assegurar a segurança do que está sendo distribuído. Caso recente comprova esta alegação, uma vez que a agência tem exigido a declaração de detentor do registro (DDR), um documento concedido por fabricantes a empresas distribuidoras das drogas importadas (BRASIL, ANVISAe).

O ministro da saúde, Ricardo Barros (PP-PR) elegeu essa exigência da ANVISA como principal obstáculo para que sejam reduzidos os custos em compras advindas de ordem judicial para aquisição de fármacos para tratamento de doenças raras (VARGAS, 2018). A agência afirma que a DDR cvita que sejam comercializados medicamentos falsificados; todavia isso acaba submetendo o Estado, mesmo em compras emergenciais, a um fornecedor único, o correspondente credenciado do laboratório distribuidor.

O requisito, além de fazer com que o Estado pague mais caro pelos insumos, ocasiona demora no processo, dado todo o trâmite, o que gera a morte de pacientes que deles dependem. Isso ocorreu com a cientista social Margareth Maria Araújo Mendes, falecida em fevereiro de 2018, aos 45 anos, por falta do medicamento Soliris. Após seu falecimento, associações de pacientes distribuíram lista de vítimas por falta de medicamentos nos gabinetes do Congresso Nacional (VARGAS, 2018).

A derrocada dos conflitos entre o ministro e a agência reguladora se iniciou em outubro de 2017, quando o Ministério da Saúde abriu cotações para as compras emergenciais de fármacos de alto custo, momento em que algumas empresas apresentaram propostas com custos mais baixos e venceram os contratos. A celebração da venda foi barrada pela exigência de DDR da ANVISA, já que os fabricantes só fornecem a declaração para seus parceiros, formando monopólios comerciais para a venda das substâncias.

A compra foi judicializada e o ministro iniciou um enfrentamento à razoabilidade dessa exigência. Quando questionados, os próprios representantes da ANVISA concordaram que os fabricantes podem formar monopólios com as distribuidoras, o que encarece os produtos, mas, ainda assim, afirmaram que a DDR é uma exigência razoável para que seja garantida a eficácia do produto (VARGAS, 2018).

Enquanto a ofensiva pelo ministro é travada nos tribunais, em busca de transparência e previsibilidade do mercado, a falta de fornecimento dos medicamentos pleiteados já ocasionou o óbito de, pelo menos, 13 pacientes desde junho de 2017 e cerca de 500 pacientes desassistidos. Isso tudo considerando apenas os dados dos pleitos em que o fornecimento já havia sido concedido judicialmente (VARGAS, 2018).

Todo esse impasse concerne a medicamentos importados que já são comercializados em território nacional, o que reforça que a imposição de exigência de declaração da pessoa jurídica detentora da regularização do produto junto à ANVISA autorizando a importação é abusiva, porque já é autorizado no país, já preenche os requisitos, apenas estão sendo fornecidos por empresas que não são credenciadas à distribuidora.

Todo o exposto reforça que os obstáculos para acesso aos medicamentos, sejam eles em fase experimental, novos não registrados ou até os já aprovados, excedem até mesmo a questões financeiras e de segurança, sendo grande parte embasada em critérios burocráticos que precisam ser revistos diante da relevância do direito à saúde.

Afora o fato de que não há comprovação inequívoca de que o Estado não possua recursos para suprir as demandas excepcionais. A elevada carga tributária imposta pela Constituição (BRASIL, 1988) é, *prima facie*, proporcional à satisfação do núcleo essencial dos direitos fundamentais que contempla. Existe, entretanto, um subfinanciamento crônico do SUS, de modo a não se alocar verbas suficientes para a preservação desse núcleo essencial, em detrimento do custeio estatal de prestações e serviços menos essenciais. Se houver a comprovação da insuficiência de recursos, serão admitidas as escolhas trágicas, desde que abalizadas em critérios éticos.

A criação de critérios é essencial para a concessão do direito em virtude da escassez para suprimento de todas as demandas, considerando que a insuficiência pode ser de recursos financeiros ou naturais. Conforme ensina Duarte (2011, p. 98-101) sobre a escassez:

Quando nada puder ser feito para eliminá-la ou para aumentar a oferta do bem muito escasso, será considerada uma *escassez natural severa*, como é o caso, por exemplo, de obras de arte de artistas renomados. Será, entretanto, uma *escassez natural suave* quando nada puder ser feito para que o bem escasso seja disponível para todos, mas já o for para a maioria dos que precisam deles, como ocorre com as reservas de petróleo. Já quando a oferta do bem puder ser incrementada, mesmo que ainda sem atingir a satisfação integral de todos, por condutas não coativas dos cidadãos, estar-se-á diante de uma *escassez quase natural*. Por fim, a *escassez* será artificial quando medidas puderem ser tomadas pelo Estado para deixar o bem disponível a todos, como a dispensa do serviço militar e as vagas no jardim de infância.

Necessidade de transplante de órgãos seria atinente às demandas submetidas à escassez natural severa, tendo em vista que, por maior que seja o empenho do Estado, não há como estabelecer obrigatoriedade de doação, já que todo indivíduo tem direito à sua integridade física preservada pelo artigo 5° da Constituição (BRASIL, 1988).

Questões como a demora no atendimento e contratação de pessoal qualificado são relativas, respectivamente, à escassez quase natural e à natural suave, uma vez que medidas estruturais e organizacionais podem ser tomadas, bem como pode haver a contratação de profissionais de outras regiões, por exemplo.

No caso dos recursos financeiros, estes integram a escassez artificial, no que se refere às demandas de primeira necessidade, pois o Estado possui meios de obter recursos para suprimento dessas demandas. No que tange às demandas de segunda necessidade, haverá uma variação de acordo com a essencialidade, podendo variar de escassez natural severa, quase natural e suave. (DUARTE, 2011).

A exaustão do orçamento público, bem como de outros recursos, que de fato inviabilize a satisfação do núcleo essencial dos direitos fundamentais exigirá o emprego de critérios éticos para a alocação dos recursos severamente escassos. Assim, o equilíbrio das contas públicas deve sempre ser ponderado com as demais garantias que com ele conflitem. Porém, a mera alegação, desprovida da comprovação da impossibilidade de subsidiar os tratamentos assecuratórios do direito à saúde não merece prosperar.

Além da condição orçamentária, a burocracia tem obstaculizado o acesso ao direito, tendo os próprios dirigentes da ANVISA (VARGAS, 2018), das distribuidoras e dos fabricantes de medicamento afirmado que, para reduzir os custos, é preciso aperfeiçoar e facilitar a inclusão dos tratamentos na relação do SUS.

Resta salientar que o núcleo mínimo da saúde é a preservação da vida. Está é consagrada em norma revestida de definitividade (norma-regra), tendo, no que tange às suas demandas de primeira necessidade, precedência sobre eventuais direitos que com ela colidam, sejam eles obstáculos financeiros ou burocráticos.

4.3.1 Da possibilidade de responsabilização objetiva do Estado em caso de concessão

Como os tratamentos denominados experimentais, puramente ou novos ainda não registrados na ANVISA, ainda não possuem a segurança e eficácia requisitada pelo órgão fiscalizador interno, a concessão pode ocasionar o questionamento acerca da responsabilidade do Estado, caso haja concessão pelo Judiciário e o indivíduo sofra danos que acarretem em uma piora na sua condição de saúde ou sua morte.

No entanto, conforme pode-se observar, a responsabilidade do Estado está disposta no art. 37, § 6º da Constituição (BRASIL, 1988):

> Art. 37. A administração pública direta e indireta de qualquer dos Poderes da União, dos Estados, do Distrito Federal e dos Municípios obedecerá aos princípios de legalidade, impessoalidade, moralidade, publicidade e eficiência e, também, ao seguinte:
> (...)
> § 6º As pessoas jurídicas de direito público e as de direito privado prestadoras de serviços públicos responderão pelos danos que seus agentes, nessa qualidade, causarem a terceiros, assegurado o direito de regresso contra o responsável nos casos de dolo ou culpa.

O referido dispositivo permite verificar a adoção da Teoria do Risco Administrativo, ou seja, o Estado é responsabilizado objetivamente pelos danos causados por ele ou por seus agentes. A responsabilização independe da comprovação da culpa, sendo a demonstração do nexo causal entre a ação ou omissão do Estado e o prejuízo já suficiente para originar o direito de indenização.

Entretanto, existem algumas situações excepcionais, casos em que o Estado está isento de do seu dever de reparação, uma delas é a culpa exclusiva da vítima. Nessas situações ocorre a exclusão do próprio nexo causal, pois o agente causador do dano é um mero instrumento utilizado pelo próprio indivíduo e, por conseguinte, não há direito à indenização.

Ocorre que, até nos casos em que os testes estão sob supervisão da ANVISA, os indivíduos que se sujeitam à pesquisa assinam um termo de consentimento, assumindo a responsabilidade e voluntariedade de sua participação (BRASIL, ANVISAd). Nos mesmos moldes, com embasamento na capacidade e autonomia do sujeito, em qualquer possibilidade de participação em testes de medicamentos, uma vez assumido o risco, deve ser o Estado afastado de sua responsabilidade.

A escolha por se submeter a um tratamento experimental ou a testes clínicos confere ao indivíduo a responsabilidade por suas escolhas, ou seja, seria culpa exclusiva da vítima em caso de eventual dano, tendo em vista que seria um contrassenso que o sujeito pleiteasse seu acesso pelo Judiciário e, uma vez atendido seu pedido, demandasse contra o Estado por ter concedido o direito de exercer a própria vontade, sua autonomia. O Estado nessas situações é mero instrumento ou meio utilizado pelo sujeito para alcançar a sua própria vontade.

CONCLUSÕES

O presente trabalho considerou que o modelo de estado constitucional concebeu a Constituição como detentora de força normativa, consagrando a dignidade da pessoa humana como epicentro axiológico do sistema normativo.

O novo modelo de estado desencadeou a expansão das garantias e do fomento ao acesso aos direitos tidos como essenciais à garantia dessa dignidade. Daí o advento do fenômeno da judicialização, uma vez que as demandas não atendidas de forma satisfatória tornaram-se pleitos recorrentes nos tribunais.

A exigibilidade judicial dos direitos fundamentais sociais é tema recorrente à medida que ocorreu o afastamento da ideia de uma Constituição meramente programática. No Brasil, apesar de haver uma relação de medicamentos e procedimentos que devem ser fornecidos gratuitamente pelo poder público, nem todas as situações são abarcadas.

Mesmo com atualizações pelo Ministério da Saúde, a RENAME e demais relações de tratamentos permanecem insuficientes. Contemporaneamente, o suprimento básico das demandas de saúde é frequentemente desatendido, os tratamentos não listados sequer são tidos como obrigatórios pelos gestores, que se detêm às diretrizes mínimas e não à integralidade do direito à saúde.

A saúde é um direito subjetivo inalienável, possuindo natureza vinculada ao direito à vida, porque é mediante a sua existência que surgem os demais direitos individuais e coletivos. Como direito fundamental, possui tratamento normativo especial no ordenamento jurídico brasileiro.

As normas constitucionais são diretrizes que visam assegurar o mínimo existencial a todos os cidadãos que estão a ela submetidos. O neoconstitucionalismo ilustra bem essas redefinições, orientando a uma hermenêutica que não seja previamente definida, preconizando a ocorrência de um processo de construção contínua.

A força normativa da Constituição confere plena exigibilidade e aplicabilidade de todas as suas normas, vinculando não somente os particulares, mas também o Poder Legislativo, Executivo e Judiciário à missão de concretizar todo o texto constitucional.

O procedimento de produção normativa precisa considerar os valores sociais e econômicos predominantes na sociedade de sua época, devendo estar intrinsecamente ligado à Moral da comunidade política. Ao aplicador do Direito caberá atribuir significação da norma ao caso concreto em que ela se aplicar.

Os princípios sempre tiveram papel relevante na tomada de decisões judiciais, mas foi sob a égide desse novo modelo teórico que deixaram de ser coadjuvantes das regras, havendo a proclamação de uma universalidade real e não somente formal do ordenamento jurídico.

Nessa conjuntura, foi estruturado o Pós-Positivismo, amparado pelas construções de Dworkin (2002) e Alexy (2013) sobre a aceitação dos princípios constitucionais como normas.

As contingências sociais não podem ser antecipadas por meio de um sistema de regras, pois algumas proposições não conseguirão abranger determinados casos. As regras são aplicadas à maneira do tudo ou nada; já os princípios possuem uma dimensão diferente das regras: a dimensão do peso e da importância, o que viabiliza a consideração da sua força relativa caso ocorra colisão.

Todas as normas devem atender aos ideais de justiça, não obstante, os princípios, por seu alto conteúdo axiológico, são a própria *ratio* das normas jurídicas, representando a institucionalização da Moral no Direito.

Alexy (2013) corrobora a teoria de Dworkin (2002) quanto ao sistema misto formado por regras e princípios. O autor inova ao conceituar os princípios, afirmando que estes não são comandos definitivos e, sim, mandados de otimização.

A teoria embasadora do Pós-Positivismo fornece critérios racionais para a solução de antinomias, tendo a ponderação como importante método para a solução de colisões entre as normas, principalmente as de natureza principiológica. O método representa importante ferramenta de controle de justiça das decisões, auxiliando no estabelecimento de parâmetros aos desmandos dos Poderes e garantia das liberdades individuais.

E, apesar de ser um direito amplamente assegurado, as normas atinentes à saúde possuem caráter aberto, o que confere ao aplicador o poder-dever de interpretação no momento da aplicação. A abertura permite que haja uma subsunção do fato à norma de forma adequada; contudo, o viés aberto pode apresentar espaços para arbitrariedades.

Dworkin (2002) fomentou a ideia de que os valores da comunidade política deveriam ser incorporados ao âmbito judicial, demonstrando que há uma Moral vinculante e, por conseguinte, afastou a construção de neutralidade do Direito, além de ter demonstrado a existência da dualidade de normas.

Caso ocorra colisão entre normas, o conflito de regras pode ser resolvido através de critérios como a hierarquia, cronologia e especialidade. Contudo, os princípios, pelo seu alto grau de abstração, além de colidirem com maior frequência, precisam encontrar solução através do sopesamento.

Os critérios racionais propostos por Alexy (2013) fornecem parâmetros para que seja tomada uma decisão justa e racional, fornecendo diretrizes para que o aplicador do direito não decida o peso do princípio de acordo com sua concepção valorativa pessoal e, sim, com a da comunidade política em que esteja inserido.

O intérprete do Direito possui compromisso com a justiça e a equidade, e o Direito sempre oferece uma resposta, porque uma regra pode comportar antinomias, mas não o sistema: o Direito sempre oferece uma solução correta para todo problema concreto.

O Direito como integridade possui fundamento na igualdade. O Direito é um sistema completo, pois as suas eventuais lacunas se encontram preenchidas pelos valores da comunidade política. Os princípios possuem natureza normativa e não representam margem para o subjetivismo se aplicados através de um discurso racional.

O método de interpretação para a correta aplicação dos direitos fundamentais, em grande parte expressos como normas-princípio, seria a proporcionalidade. Uma máxima criada por Alexy e composta pelas submáximas da adequação, necessidade e da proporcionalidade em sentido estrito, caracterizando um desenvolvimento a proposta de sopesamento de Dworkin (2002).

A proporcionalidade visa a aplicação da norma mais correta e satisfatória ao caso, sem afastar as demais normas colidentes, obtendo justiça, na medida em que se alcança o melhor resultado sem demérito dos outros direitos envolvidos.

A argumentação jurídica, como um caso especial da argumentação prática, transpõe os critérios do discurso prático para o jurídico, considerando que racionalidade é essencial para formação de decisões justas, fortificando a legitimidade do Estado Democrático de Direito. O consenso deve ser alcançado através da justificação das assertivas elaboradas no discurso.

Somente é possível conferir racionalidade ao discurso se observadas as regras a ele concernentes, e é essa justificação racional que atribui universalidade às decisões, pois produz decisões justas, logo, iguais e equânimes. O discurso jurídico é especial e peculiar, pois se submete a limites, como as leis, os precedentes e a doutrina, sendo assegurada a legitimidade das decisões através da racionalidade da fundamentação.

Os direitos fundamentais dispostos são, na verdade, direitos humanos positivados, transcendem a mera legalidade e representam uma Moral global, ou seja, detém validez universal, o que possibilita sua exigência e aplicação em qualquer ordenamento jurídico. Como, regra geral, são princípios ou mandados de otimização, não são definitivos *prima facie,* pois sua aplicação se submete à ponderação para alcance de uma aplicação ótima (na maior e melhor medida possível) e que não viole seu núcleo mínimo.

A saúde é um direito fundamental que tem tido sua prestação adstrita à atuação do Judiciário de forma contumaz. Muitas demandas chegam ao Supremo Tribunal Federal pelo seu fundamento constitucional, dada a atribuição do tribunal de exercer o controle de constitucionalidade difuso, afora ser sua competência dar a última palavra acerca dos litígios que envolvam direitos fundamentais colidentes.

Nas demandas de saúde, a negativa de concessão de um tratamento pode representar a decretação de morte do indivíduo que dele necessita, o falecimento precoce ou o fim da sua qualidade de vida. Desse modo, a ineficiência do ente público não pode vilipendiar o direito dos cidadãos; é necessário que as garantias essenciais à vida sejam protegidas.

O fenômeno da judiciabilidade da saúde conferiu maior relevância ao Poder Judiciário, máxime no estabelecimento de diretrizes além das já estabelecidas pelos outros poderes. Assim, o Judiciário tem ficado incumbido da persecução dos direitos fundamentais, ou seja, de determinar qual é interesse público mediante aferição do caso em concreto.

O Estado deve criar órgãos especializados para garantir a prestação do direito à saúde, assim como estipular procedimentos e diretrizes para sua prestação, mantendo observação aos ditames constitucionais. Estes estabelecem não somente a necessidade de criação, como também estipulam limites ao legislador infraconstitucional.

A instituição do Sistema Único de Saúde (SUS) como responsável pela sua prestação e regulação da saúde é feita mediante a incorporação simultânea de alguns valores ao seu funcionamento. O princípio da integralidade e o da universalidade são a base fundante do sistema e orientam todo o seu funcionamento.

O princípio da universalidade prevê acesso a qualquer pessoa que dependa do sistema de saúde, reafirmando a base da nova sistemática constitucional, ou seja, que o direito à saúde deve ser reconhecido como disponível a todos, sem a necessidade de contribuição para sua prestação. O acesso previsto é igualitário, porque todos os serviços devem ser acessíveis a todos que dele dependam, independentemente de condição financeira, por isso a gratuidade.

A integralidade significa que todo indivíduo que precise de auxílio do SUS deverá ter o atendimento de todas as suas demandas, abrangendo todo o tratamento, desde vacinação e fornecimento de insumos até possíveis internações.

Uma relação de medicamentos e insumos, como a RENAME, gera previsibilidade ao orçamento público, entretanto, não pode obstar à previsão de integralidade do sistema, caso seja demonstrada a ineficácia dos tratamentos fornecidos a uma situação especial. A judicialização da saúde representa o aumento da demanda por uma atuação positiva dos meios jurídicos para obtenção da prestação integral negada pelo SUS, seja essa negativa motivada pela falta de previsão na RENAME ou por questões orçamentárias.

O sistema prestacional é deficitário, uma vez que não consegue suprir todas as demandas, não alcançando, assim, a proteção do direito fundamental à saúde de forma integral e universal conforme dispõe a Constituição.

A busca da intervenção judicial visa o alcance da igualdade substancial preconizada constitucionalmente. Contudo, apesar do suporte jurídico, este é faticamente abstrato na maioria das vezes, sem estabelecimento do que de fato prepondera e precisa ser protegido.

Há um valor sufragado em cada uma das normas constitucionais, o que torna seu conteúdo essencial. Mas, em caso de colisão dessas normas, é preciso que ocorra um juízo de proporcionalidade acerca do que será decisivo no caso concreto, devendo observar que o núcleo essencial desses direito não pode ser afastado.

No que tange ao direito à saúde, seu núcleo essencial é diretamente vinculado à ideia de preservação da vida, à garantia de um estado físico e mental saudável e digno do ser humano. A vida é o corolário do princípio da igualdade, não havendo como subjugá-la aos demais direitos sociais, porque a vida sempre irá prevalecer no juízo de proporcionalidade.

O direito à saúde visa à prevenção, manutenção e recuperação da qualidade de vida, estando a proteção do seu núcleo essencial vinculada à proteção de uma vida digna, já que esta é o que possibilita a fruição de todos os direitos. O asseguramento de outros direitos, como educação, moradia e todos os demais, torna-se inócuo sem a vida. A saúde, como qualquer outro direito fundamental, pode sofrer restrições. Todavia, sempre deverá ocorrer à preservação do seu standard mínimo.

Tendo a vida como seu núcleo mínimo, há um comando definitivo na norma, e não apenas *prima facie*, ou seja, ela se equivale a uma regra. Sendo assim, as demandas de saúde atinentes à preservação da vida e à promoção de uma vida digna são aptas à justiciabilidade, caso não haja concessão pela via administrativa.

Nem todas as demandas de saúde serão preponderantes: o núcleo essencial se consubstancia nas demandas de saúde de primeira necessidade, podendo também ser integrado pelas demandas de saúde de segunda necessidade, a depender da sua essencialidade e do juízo de proporcionalidade que será feito no caso concreto.

Quanto à possibilidade de exigibilidade judicial dessas demandas, o controle exercido pelo Poder Judiciário em relação aos demais poderes advém do princípio da inafastabilidade da jurisdição, previsto no artigo 5°, inciso XXXV, da Constituição (BRASIL, 1988).

A previsão constitucional reforça o sistema de freios e contrapesos adotado, pois a permissão de interferência entre os poderes em suas funções típicas é motivada pela busca de um bem maior, que é o interesse público, sendo esse entendido como a persecução dos direitos fundamentais.

Cabe ao Poder Judiciário, se provocado, a manifestação sobre as normas que devem ser observadas e os parâmetros de aplicação, para que as diretrizes constitucionais não se tornem "vazias".

O controle judicial não pode usurpar competências dos demais poderes, ao Judiciário é lícito rever as ações e omissões do legislador, o que significa que ele possui competência para analisar o conteúdo da norma, o objeto protegido materialmente. Ele é o Poder legítimo a controlar os atos, independentemente de não possuir representação por voto popular, pois o próprio texto constitucional elaborado pelos representantes estipula sua função de controle dos atos.

A revisão judicial tem a pretensão de garantir que os direitos consagrados sejam concedidos sem que haja desvios de sua finalidade. Esse sistema possui como órgão máximo o

Supremo Tribunal Federal, que tem como uma de suas funções a guarda da "vontade de Constituição".

O princípio da separação dos poderes não é violado por decisão judicial que visa reparar uma omissão estatal relativa aos direitos fundamentais, pois é do regular exercício do Poder Judiciário assegurar a supremacia constitucional e a observância de suas normas de forma íntegra.

Ao Judiciário não compete elaborar políticas públicas, mas possui o poder-dever de fiscalizar essas ações, com vistas a concretizar os direitos fundamentais, preservando o núcleo essencial dessas garantias.

Esse controle não pode ser estritamente vinculado à ideia de prévia estipulação orçamentária pelo ente estatal, porque isso obstaculiza a própria prestação do direito de natureza urgente. A observância do princípio da reserva do possível, ou seja, a existência dos limites orçamentários disponíveis é relevante para a repartição entre os entes e sua respectiva distribuição nas demandas a serem prestadas, mas não pode preponderar de forma desarrazoada.

O sopesamento das garantias colidentes sempre deverá ser realizado para que se verifique a adequação, a necessidade e a proporcionalidade em sentido estrito da demanda. Não pode haver a previsão de um obstáculo apriorístico à concessão de direitos, sem qualquer ponderação.

A maioria das necessidades será atendida valendo-se da previsibilidade orçamentária, mas algumas precisarão passar pela concreção gradual através do juízo de proporcionalidade, pois estarão em conflito com outros interesses. Nesses casos difíceis, será necessária a intervenção judicial, quando o planejamento orçamentário não suprir as demandas excepcionais ou custosas.

Não há como prevalecerem as diretrizes orçamentárias sobre a saúde, especificamente sobre demandas de primeira necessidade, pois referentes ao núcleo essencial mínimo do direito e integrantes do mínimo existencial. Já no que se refere às demandas de segunda necessidade, torna-se viável a prevalência dos princípios orçamentários em um juízo de proporcionalidade.

No que tange à concessão de fármacos, há um processo para liberação do registro, que visa garantir que os indivíduos tenham acesso a um tratamento adequado, sem que haja exposição a riscos evitáveis.

Os poderes estatais são autônomos, sendo vedada constitucionalmente a hierarquização entre as funções estatais. Todavia, visando impedir arbitrariedades, foi instituído mecanismo de controle recíproco, o "sistema de freios e contrapesos".

Essa permissão de controle visa assegurar a persecução do interesse público, tido como a persecução dos direitos fundamentais. Ao Judiciário foi atribuída a função de averiguar a implementação adequada dos direitos estabelecidos.

O Poder Judiciário não pode determinar a implementação de políticas públicas, mas pode determinar seu cumprimento, desde que haja um direito subjetivo estabelecido. O entendimento do STF no STA nº 175/Ceará (BRASIL, 2009) estabeleceu parâmetros contrários à previsão administrativa, visando a concretização e manutenção do direito fundamental à saúde.

Estabeleceu-se que a regra é a preferência pelo que está disponibilizado no SUS, até para manutenção do equilíbrio das contas públicas, mas ressaltou que isso não afasta a viabilidade de ser concedido e custeado pelo SUS fármaco ou procedimento não listado.

Quando não há tratamento fornecido pela rede pública, abrem-se as possibilidades e questões relativas ao fornecimento dos tratamentos puramente experimentais e dos novos tratamentos ainda não registrados.

No que tange ao caso dos tratamentos ainda sem comprovação de eficácia (experimentais), consolidou-se que não há como o Estado ser obrigado a prestá-los, pois estão submetidos às diretrizes da pesquisa médica. Não é o Judiciário competente para estipular os procedimentos de aprovação.

A vedação dos tratamentos em fase experimental reduz o âmbito de escolha e restringe o princípio da integralidade dos serviços de saúde. Por outro lado, possui como justificativa a preservação do núcleo essencial do direito à saúde, já que argumenta que a exposição a tratamentos ainda sem garantia de eficácia e segurança pode representar exposição a danos.

A vedação do uso é extensiva a todos, para que seja observado o preceito igualitário. A autonomia é restringida em prol da proteção à vida, assemelhando-se a proibição do uso de substâncias ilícitas e nocivas ao organismo.

A questão merece contestação caso seja possível o acesso, através de recursos financeiros, aos fármacos experimentais, pois o diferenciador do acesso consistirá na possibilidade de custeio e não mais uma regulação isonômica sobre vedação de medicamentos potencialmente lesivos. Assim, nesses casos, é razoável que a ponderação no caso concreto de ser viável a importação e financiamento pelo Poder Público.

Contudo, conforme salientou-se, é possível averiguar formas de garantir o acesso dos indivíduos com doenças terminais, tendo em vista que os critérios de segurança e eficácia podem ser relativizados, já que seria a última alternativa de algumas pessoas. A facilitação do acesso em fases pré-clínicas é viável aos que não têm alternativa, já que outras substâncias não tiveram eficácia e a segurança tem valor diminuto perto da perda da vida iminente.

A Lei nº 8.080 (BRASIL, 1990), no artigo 7º, inciso III, prevê a noção de preservação da autonomia das pessoas na defesa de sua integridade física e moral. Ser livre e autônomo para decidir envolve poder escolher o tratamento que considera mais adequado para sua enfermidade. Sendo assim, caso considerar viável o meio ainda não comprovado, o indivíduo deve ser livre para se submeter ao que será sua última tentativa.

Quanto aos medicamentos novos ainda não registrados pela ANVISA, observou-se que a existência de protocolos e diretrizes almeja uma distribuição equilibrada do orçamento público e a segurança dos indivíduos que a eles se submetem.

A concessão dos medicamentos em fase experimental é vedada sob a justificativa de que não há comprovação de eficácia e segurança para o uso da substância, o que os difere dos medicamentos novos não registrados, que possuem comprovação, porém em âmbito externo.

Entretanto, a lentidão para a aprovação de novos fármacos e sua incorporação nos tratamentos disponibilizados pelo SUS pode desencadear situações de desigualdade, pois indivíduos hipossuficientes não estarão em posição igualitária, já que não terão acesso caso não haja fornecimento pela rede pública.

O valor elevado do fármaco não afasta a possibilidade de fornecimento do medicamento, porque há previsão de dispensação de medicamentos excepcionais, o que favorece o argumento de que também deve haver custeio público dos medicamentos ainda não aprovados pela ANVISA.

O custo ou a burocracia não são aptos a obstar o acesso ao direito a uma vida digna, o que acarreta a necessidade de sua preservação frente aos demais interesses colidentes, cabendo a proporcionalidade em todas as situações e a preservação do núcleo mínimo das normas.

BIBLIOGRAFIA

ALEXY, Robert. **Teoria da argumentação jurídica: a teoria do discurso racional como teoria da fundamentação jurídica.** Tradução de Zilda Hutchnson Schild Silva. Revisão técnica da tradução e introdução à edição brasileira Claudia Toledo. 3ª ed. Rio de Janeiro: Forense, 2013.

_____. **Teoria dos direitos fundamentais.** Tradução de Virgílio Afonso da Silva. 4ª ed. São Paulo: Malheiros, 2015.

ARAUJO, Elizabeth Alice Barbosa Silva; FERRAZ, Fernando Basto; MARQUES JÚNIOR, Willian Paiva. **Direitos fundamentais sociais na contemporaneidade.** São Paulo: LTr, 2014.

AZEVEDO, Álvaro Villaça. **Parecer Jurídico: Autonomia do paciente e Direito de Escolha de Tratamento médico sem transfusão de sangue mediante o novo código de ética médica-resolução CFM 1931/09.** São Paulo, 8 fev. 2010. Disponível em: <https://jus.com.br/artigos/61417/o-principio-da-dignidade-da-pessoa-humana-como-fundamento-para-o-livre-exercicio-da-personalidade-humana-e-a-autonomia-da-vontade-do-paciente>. Acesso em: 01 dez. 2017.

BALESTERO, Gabriela Soares. A judicialização da saúde no direito brasileiro e seus desdobramentos democráticos. **Revista**

Científica Direitos Culturais – RDC. V. 9, nº 18 – maio/agosto 2014, p. 153-175.

BARCELLOS, Ana Paula de. **A Eficácia Jurídica dos Princípios Constitucionais**, São Paulo: Editora Renovar, 2002, p. 245-246.

BOCCHINI, Bruno; MELLO, Daniel; MOREIRA, Marli. **USP é autuada por falta de farmacêutico na produção de pílula contra câncer**. Disponível em: <http://agenciabrasil.ebc.com.br/ geral/noticia/2015-11/conselho-autua-usp-por-falta-de-condicoes-p ara-producao-da-fosfoetanolamina>. Acesso em: 11 abr. 2018.

BRASIL. Conselho Nacional de Justiça. **Recomendação nº 31**, de 30 de março de 2010. Brasília. Disponível em: < http://www.cnj.jus.br/busca-atos-adm?documento=1195>. Acesso em 01 de dez. 2017.

_____. Constituição (1988). **Ato das Disposições Constitucionais Transitórias** (ADCT), 05 out. 1988. Brasília. Disponível em: <http://www.planalto.gov.br/ccivil_03/constitui cao/constituicao.htm#adct>. Acesso em 30 de jan. 2018.

_____. Constituição (1988). **Constituição da República Federativa do Brasil**, 05 out. 1988. Brasília. Disponível em: <http://www.planalto.gov.br/ccivil_03/constituicao/constituicao.ht m>. Acesso em 30 de jan. 2018.

_____. Emenda Constitucional nº 29, de 13 de setembro de 2000. Altera os arts. 34, 35, 156, 160, 167 e 198 da Constituição Federal e acrescenta artigo ao Ato das Disposições Constitucionais

Transitórias, para assegurar os recursos mínimos para o financiamento das ações e serviços públicos de saúde. **Diário Oficial da União**, Brasília, DF, 13 set. 2000. Disponível em: < http://www.planalto.gov.br/ccivil_03/constituicao/emendas/emc/m c29.htm>. Acesso em: 01 dez. 2017.

_____. Emenda Constitucional n° 95, de 15 de dezembro de 2016. Altera o Ato das Disposições Constitucionais Transitórias, para instituir o Novo Regime Fiscal, e dá outras providências. **Diário Oficial da União**, Brasília, DF, 15 dez. 2016. Disponível em: <http://www.planalto.gov.br/ccivil_03/constituicao/emendas/emc/e mc95.htm>. Acesso em: 01 dez. 2017.

_____. Lei 9.782, de 26 de janeiro de 1999. Define o Sistema Nacional de Vigilância Sanitária, cria a Agência Nacional de Vigilância Sanitária, e dá outras providências. **Diário Oficial da União**, Brasília, DF, 27 jan. 1999. Disponível em: < http://www.planalto.gov.br/ccivil_03/Leis/L9782.htm>. Acesso em: 01 dez. 2017.

_____. Lei 13.269, de 13 de abril de 2016. Autoriza o uso da fosfoetanolamina sintética por pacientes diagnosticados com neoplasia maligna. **Diário Oficial da União**, Brasília, DF, 14 abr. 2016. Disponível em: <http://www.planalto.gov.br/ccivil_03/_ato 2015-2018/2016/lei/L 13269.htm>. Acesso em: 01 dez. 2017.

_____. Lei Complementar n° 141, de 13 de janeiro de 2012. Regulamenta o § 3o do art. 198 da Constituição Federal para dispor sobre os valores mínimos a serem aplicados anualmente pela União, Estados, Distrito Federal e Municípios em ações e serviços públicos de saúde; estabelece os critérios de rateio dos recursos de transferências para a saúde e as normas de fiscalização, avaliação e controle das despesas com saúde nas 3 (três) esferas de governo; revoga dispositivos das Leis nos 8.080, de 19 de setembro de 1990, e 8.689, de 27 de julho de 1993; e dá outras providências. **Diário Oficial da União**, Brasília, DF, 13 jan. 2012. Disponível em: <http://www.planalto.gov.br/ccivil_03/leis/lcp/lcp141.htm>. Acesso em: 01 dez. 2017.

_____. Lei Federal nº 8.080, de 19 de setembro de 1990a. Dispõe sobre as condições para a promoção, proteção e recuperação da saúde, a organização e o funcionamento dos serviços correspondentes e dá outras providências. **Diário Oficial da União**, Brasília, DF, 19 set. 1990. Disponível em: < http://www.planalto.gov.br/ccivil_03/leis/l8080.htm>. Acesso em: 01 dez. 2017.

_____. Lei Federal nº 8.142, de 28 de dezembro de 1990b. Dispõe sobre a participação da comunidade na gestão do Sistema Único de Saúde (SUS) e sobre as transferências intergovernamentais de recursos financeiros na área da saúde e dá outras providências. **Diário Oficial da União**, Brasília, DF, 28 dez. 1990. Disponível em: <http://conselho.saude.gov.br/legislacao/lei8142_281290.htm>. Acesso em: 01 dez. 2017.

_____. Lei Federal nº 11.794, de 08 de outubro de 2008a. Regulamenta o inciso VII do § 1o do art. 225 da Constituição Federal, estabelecendo procedimentos para o uso científico de animais; revoga a Lei no 6.638, de 8 de maio de 1979; e dá outras providências. **Diário Oficial da União**, Brasília, DF, 08 out. 2008. Disponível em: < http://www.planalto.gov.br/ccivil_03/_Ato2007-2010/2008/Lei/L11794.htm#art27>. Acesso em: 01 dez. 2017.

_____. Ministério da Saúde. Agência Nacional de Vigilância Sanitária: ANVISAa. **Importação de medicamentos controlados sem registro no país.** Disponível em: <http://portal.anvisa.gov. br/importacao-por-pessoa-fisica>. Acesso em: 01 dez. 2017.

_____. Ministério da Saúde. Agência Nacional de Vigilância Sanitária: ANVISAb. **Importação de medicamentos sujeitos a controle especial, à base de outras substâncias, para uso próprio e para fins de tratamento de saúde.** Disponível em: < http: // portal.anvisa.gov.br / importação – controlados / saiba – mais >. Acesso em: 01 dez. 2017.

_____. Ministério da Saúde. Agência Nacional de Vigilância Sanitária: ANVISAc. **Passo a passo para importação de produtos à base de canabidiol.** Disponível em: < http:// portal.anvisa.gov.br/importacao-de-canabidiol >. Acesso em: 01 dez. 2017.

_____. Ministério da Saúde. Agência Nacional de Vigilância Sanitária: ANVISAd. **Registro de medicamentos.** Disponível em: < http://portal.anvisa.gov.br/resultado-de-busca?p_p_id=101&p_p _lifecycle=0&p_p_state=maximized&p_p_mode=view&p_p_col_i d=column-1&p_p_col_count=1&_101_struts_action=%2Fasset_pu blisher%2Fview_content&_101_assetEntryId=2863528&_101_typ e=content&_101_groupId=219201&_101_urlTitle=registro-de-me dicamentos&inheritRedirect=true>. Acesso em: 01 dez. 2017.

_____. Ministério da Saúde. Agência Nacional de Vigilância Sanitária: ANVISAe. **A Anvisa e a falta de medicamentos para doenças raras.** Disponível em: <http://portal.anvisa.gov.br/ noticias/-/asset_publisher/FXrpx9qY7FbU/content/a-anvisa-e-a-fal ta-de-medicamentos-para-doencas-raras/219201/pop_up?_101_IN

STANCE_FXrpx9qY7FbU_viewMode=print&_101_INSTANCE_FXrpx9qY7FbU_languageId=pt_BR>. Acesso em: 16 mar. 2018.

_____. Ministério da Saúde. Agência Nacional de Vigilância Sanitária: ANVISA. **Lei nº 6.360**, de 23 de setembro de 1976. Disponível em: < http://portal.anvisa.gov.br/documents/33864/284972/lei_6360.pdf/5330c06d-1c17-4e1e-8d21-d7e3db4d3ce4 >. Acesso em: 01 dez. 2017.

_____. Ministério da Saúde. Agência Nacional de Vigilância Sanitária: ANVISA. **Resolução nº 39**, de 05 de junho de 2008. Disponível em: < http://bvsms.saude.gov.br/bvs/saudelegis/anvisa/2008/res0039_05_06_2008.html>. Acesso em: 01 dez. 2017.

_____. Ministério da Saúde. Conselho Nacional de Saúde. Comissão Nacional de Ética em Pesquisa. **Manual operacional para comitês de ética em pesquisa** / Ministério da Saúde, Conselho Nacional de Saúde, Comissão Nacional de Ética em Pesquisa. – 4. ed. rev. atual. –Brasília: Editora do Ministério da Saúde, 2007. Disponível em: <http://conselho.saude.gov.br/biblioteca/livros/Manual_Operacional_miolo.pdf>. Acesso em: 01 dez. 2017.

_____. Ministério da Saúde. **Relação Nacional de Medicamentos Essenciais: RENAME 2017** / Ministério da Saúde, Secretaria de Ciência, Tecnologia e Insumos Estratégicos, Departamento de Assistência Farmacêutica e Insumos Estratégicos. – Brasília: Ministério da Saúde, 2017. 210 p. ISBN 978-85-334-2517-0.

_____. Ministério da Saúde. Secretaria de Políticas de Saúde. Departamento de Atenção Básica. **Política nacional de medicamentos** 2001/Ministério da Saúde, Secretaria de Políticas de Saúde, Departamento de Atenção Básica. – Brasília : Ministério da Saúde, 2001. Disponível em: <http://bvsms.saude.gov.br/bvs/publicacoes/politica_medicamentos.pdf>. Acesso em: 01 dez. 2017.

_____. Portaria nº 344, de 12 de maio de 1998. Aprova o Regulamento Técnico sobre substâncias e medicamentos sujeitos a controle especial. **Diário Oficial da União**, Brasília, DF, 31 dez. 1998. Disponível em: <http://bvsms.saude.gov.br/bvs/saudelegis/svs/1998/prt0344_12_05_1998_rep.html>. Acesso em: 01 dez. 2017.

_____. Resolução da Diretoria Colegiada nº 17, de 06 de maio de 2015. Define os critérios e os procedimentos para a importação, em caráter de excepcionalidade, de produto à base de Canabidiol em associação com outros canabinóides, por pessoa física, para uso próprio, mediante prescrição de profissional legalmente habilitado, para tratamento de saúde. **Diário Oficial da União**, Brasília, DF, 06 mai. 2015. Disponível em: < http://www.saude. mt.gov.br/upload/noticia/1/arquivo/170615163439-SES-MT-A-rdc-anvisa-1 7-2015---importacao-canabidiol.pdf>. Acesso em: 01 dez. 2017.

_____. Supremo Tribunal Federal. **Ação cautelar**. Autor: Maria Teresa Sartori Coser. Réu: Universidade de São Paulo. Relator: Ministro Gilmar Mendes. Brasília, 01 fev. 2016. Disponível em: < http:// portal.stf.jus.br/processos/detalhe.asp?incidente=4909359 >. Acesso em: 01 dez. 2017.

_____. Supremo Tribunal Federal. **Ação direta de inconstitucionalidade**. Requerente: Associação Médica Brasileira. Intimado: Presidente da República. Relator: Ministro Marco Aurélio. Brasília, 12 ago. 2016. Disponível em: < http://portal .stf.jus.br/processos/detalhe.asp?incidente=4966501>. Acesso em: 01 dez. 2017.

_____. Supremo Tribunal Federal. **Ação direta de inconstitucionalidade**. Requerente: Associação Médica Brasileira. Intimados: Presidente da República; Congresso Nacional; Associação Brasileira de Portadores de Câncer. Relator: Ministro Marco Aurélio. Brasília, 31 jul. 2017. Disponível em: <http://por tal.stf.jus.br/processos/detalhe.asp?incidente=4966501>. Acesso em: 01 dez. 2017.

_____. Supremo Tribunal Federal. **Agravo de Instrumento**. Agravante: Ministério Público do Estado do Paraná. Agravado: Estado do Paraná. Relatora: Ministra Ellen Gracie. Brasília, 03 ago. 2010. Disponível em: <http://portal.stf.jus.br/processos/ detalhe.asp?incidente=2651164>. Acesso em: 01 dez. 2017.

_____. Supremo Tribunal Federal. **Agravo de instrumento**. Agravante: Unimed Porto Alegre – Sociedade Cooperativa de Trabalho Médico –LTDA. Agravado: Waldemar Kampfeld. Relator: Ministro Dias Toffoli. Brasília, 19 ago. 2011. Disponível em: < http://portal.stf.jus.br/processos/detalhe.asp?incidente=3935 058>. Acesso em: 01 dez. 2017.

_____. Supremo Tribunal Federal. **Agravo de instrumento**. Agravante: Unimed Sergipe Cooperativa de Trabalho Médico. Agravado: João Costa. Relator: Ministro Luiz Fux. Brasília, 22 set.

2011. Disponível em: <http://portal.stf.jus.br/processos/detalhe. asp?incidente=3810695>. Acesso em: 01 dez. 2017.

_____. Superior Tribunal de Justiça. **Agravo regimental no recurso especial.** Agravante: Estado do Rio Grande do Sul. Agravado: Ministério Público do Estado do Rio Grande do Sul. Relator: Ministro Luiz Fux. Brasília, 15 mar. 2007. Disponível em: < https://ww2.stj.jus.br/processo/revista/inteiroteor/?num_registro =200602117536&dt_publicacao=29/03/2007>. Acesso em: 01 dez. 2017.

_____. Supremo Tribunal Federal. **Petição.** Requerente: Alcilena Cincinatus. Requerido: Universidade de São Paulo - USP. Relator: Ministro Edson Fachin. Brasília, 06 out. 2015. Disponível em: < http:// portal.stf.jus.br/processos/detalhe.asp?incidente=4862001 >. Acesso em: 01 dez. 2017.

_____. Supremo Tribunal Federal. **Presidente do STF recebe movimento pelo acesso a medicamentos de alto custo.** Disponível em: <http://www.stf.jus.br/portal/cms/verNoticia Detalhe. asp?idConteudo=359768>. Acesso em: 01 dez. 2017.

_____. Supremo Tribunal Federal. **Reclamação.** Reclamante: Irmandade da Santa Casa de Misericórdia e Maternidade D Zilda Salvagni. Reclamado: Tribunal de Justiça do Estado de São Paulo. Relator: Ministro Ricardo Lewandowski. Brasília, 14 set. 2016. Disponível em: <http://portal.stf.jus.br/processos/detalhe.asp? incidente=5022716>. Acesso em: 01 dez. 2017.

_____. Supremo Tribunal Federal. **Reclamação.** Reclamante: Irmandade da Santa Casa de Misericórdia e Maternidade Dona

Zilda Salvagni. Reclamado: Tribunal de Justiça do Estado de São Paulo. Relatora: Ministra Carmem Lúcia. Brasília, 01 set. 2016. Disponível em: <http://portal.stf.jus.br/processos/detalhe.asp? incidente=5022716>. Acesso em: 01 dez. 2017.

_____. Supremo Tribunal Federal. **Recurso extraordinário**. Reclamante: Distrito Federal. Reclamado: Driss Rigamontt Alves de Mello. Relator: Ministro Dias Toffoli. Brasília, 23 ago. 2017. Disponível em: <http://portal.stf.jus.br/processos/detalhe.asp? incidente=5224773>. Acesso em: 01 dez. 2017.

_____. Supremo Tribunal Federal. **Recurso extraordinário**. Reclamante: Distrito Federal. Reclamado: Maura Lameira de Melo Fernandes. Relator: Ministro Dias Toffoli. Brasília, 03 mar. 2017. Disponível em: <http://portal.stf.jus.br/processos/detalhe.asp? incidente=5128821>. Acesso em: 01 dez. 2017.

_____. Supremo Tribunal Federal. **Recurso extraordinário**. Reclamante: Estado de São Paulo. Reclamado: Silva Nunes Comércio Pesquisa e Desenvolvimento LTDA. Relator: Ministro Dias Toffoli. Brasília, 22 mar. 2010. Disponível em: <http://por tal.stf.jus.br/processos/detalhe.asp?incidente=2049657>. Acesso em: 01 dez. 2017.

_____. Supremo Tribunal Federal. **Recurso extraordinário**. Reclamante: Nalci da Costa Bortoli. Reclamado: União. Relator: Ministro Roberto Barroso. Brasília, 01 set. 2016. Disponível em: < http://portal.stf.jus.br/processos/detalhe.asp?incidente=5022143>. Acesso em: 01 dez. 2017.

_____. Supremo Tribunal Federal. **Recurso extraordinário com agravo**. Reclamante: Benoni Couto Campos. Reclamado: Estado de Mato Grosso Sul. Relator: Ministro Presidente. Brasília, 04 out. 2016. Disponível em: <http://portal.stf.jus.br/processos/detalhe. asp?incidente=5041995>. Acesso em: 01 dez. 2017.

_____. Supremo Tribunal Federal. **Recurso extraordinário com agravo**. Reclamante: Estado de Minas Gerais. Reclamado: Ministério Público do Estado de Minas Gerais. Brasília, 01 mar. 2017. Disponível em: <http://portal.stf.jus.br/processos/detalhe. asp?incidente=5337241>. Acesso em: 01 dez. 2017.

_____. Supremo Tribunal Federal. **Recurso extraordinário com agravo**. Reclamante: Josefa Aldeisa de Freitasl. Reclamado: União. Relator: Ministro Marco Aurélio. Brasília, 22 mar. 2017. Disponível em: <http://portal.stf.jus.br/processos/detalhe. asp?incidente=5145685>. Acesso em: 01 dez. 2017.

_____. Supremo Tribunal Federal. **Recurso extraordinário com agravo**. Reclamante: Josefa Aldeísa de Freitas. Reclamado: União. Relator: Ministro Marco Aurélio. Brasília, 15 mar. 2017. Disponível em: <http://portal.stf.jus.br/processos/detalhe.asp? incidente=5145685>. Acesso em: 01 dez. 2017.

_____. Supremo Tribunal Federal. **Recurso extraordinário com agravo**. Reclamante: Ministério Público do Estado de Mato Grosso do Sul. Reclamado: Estado de Mato Grosso do Sul. Relatora: Ministro Dias Toffoli. Brasília, 02 ago. 2017. Disponível em: <http://portal.stf.jus.br/processos/detalhe.asp?incidente=5126 551>. Acesso em: 01 dez. 2017.

_____. Supremo Tribunal Federal. **Recurso extraordinário com agravo**. Reclamante: Severina Alves de Oliveira. Reclamado: União. Relator: Ministro Dias Toffoli. Brasília, 08 mai. 2017. Disponível em: <http://portal.stf.jus.br/processos/detalhe.asp?incidente=5160280>. Acesso em: 01 dez. 2017.

_____. Supremo Tribunal Federal. **Recurso extraordinário com agravo**. Reclamante: Sociedade Cooperativa de Serviços Médicos e Hospitalares de Curitiba LTDA – Unimed de Curitiba – MED. Reclamado: Luis Carlos Teixeira. Relator: Ministro Roberto Barroso. Brasília, 27 nov. 2014. Disponível em: <http://por tal.stf.jus.br/processos/detalhe.asp?incidente=4269286>. Acesso em: 01 dez.

_____. Supremo Tribunal Federal. **Suspensão de liminar**. Requerente: Estado de Mato Grosso do Sul. Requerido: Juiz de direito da 1ª vara da comarca de Aparecida do Taboado. Relatora: Ministra Presidente. Brasília, 07 fev. 2018. Disponível em: < http:// portal.stf.jus.br/processos/detalhe.asp?incidente=5337241 >. Acesso em: 01 dez. 2017.

_____. Supremo Tribunal Federal. **Suspensão de segurança**. Requerente: Estado do Paraná. Requerido: Relator do Mandado de Segurança nº 420739-0 do Tribunal de Justiça do Estado do Paraná. Relator: Ministra Presidente. Brasília, 04 dez. 2007. Disponível em: <http://portal.stf.jus.br/processos/detalhe.asp?incidente=2562851>. Acesso em: 01 dez. 2017.

_____. Supremo Tribunal Federal. **Suspensão de segurança liminar**. Requerente: Estado do Rio Grande do Norte. Requerido: Relatora do Mandado de Segurança nº 2006.006795-0 do Tribunal de Justiça do Estado do Rio Grande do Norte. Relatora: Ministra

Presidente. Brasília, 14 fev. 2007. Disponível em: < http://portal .stf.jus.br/processos/detalhe.asp?incidente=2484826>. Acesso em: 01 dez. 2017.

_____. Supremo Tribunal Federal. **Suspensão de tutela antecipada**. Requerente: União. Requerido: Tribunal Regional Federal da 1ª Região.. Relator: Ministro Presidente. Brasília, 02 ago. 2017. Disponível em: <http://portal.stf.jus.br/processos/ detalhe.asp?incidente=5040217>. Acesso em: 01 dez. 2017.

_____. Supremo Tribunal Federal. **Suspensão de tutela antecipada**. Requerente: União. Requerido: Tribunal Regional Federal da 4ª Região. Relator: Ministro Presidente. Brasília, 10 mai. 2010. Disponível em: <http://portal.stf.jus.br/processos/ detalhe.asp?incidente=2633941>. Acesso em: 01 dez. 2017.

_____. Supremo Tribunal Federal. **Suspensão de tutela antecipada**. Requerente: União. Requerido: Tribunal Regional Federal da 5ª região (apelação cível nº 408729-CE - 2006.81.00.003148-1). Relator: Ministro Presidente. Brasília, 16 jun. 2009. Disponível em: <http://portal.stf.jus.br/processos/ detalhe.asp?incidente=2570693>. Acesso em: 01 dez. 2017.

_____. Supremo Tribunal Federal. **Suspensão de tutela antecipada**. Requerente: Universidade de São Paulo. Requerido: Relator do AI nº 2242691-89.2015.8.26.0000 do Tribunal de Justiça do Estado de São Paulo. Relator: Ministro Presidente. Brasília, 17 nov. 2016. Disponível em: <http://portal.stf.jus. br/processos/detalhe.asp?incidente=4937247>. Acesso em: 01 dez. 2017.

_____. **Tribunal Regional Federal da Primeira Região. Comercialização e/ou utilização sem restrições de medicamentos.** Processo nº 0024632-22.2014.4.01.3400.. Requerente: Anny de Bortoli Fischer. Requerida: Agência Nacional de Vigilância Sanitária – ANVISA. Julgador: Dr. Bruno César Bandeira Apolinário. 3ª Vara Federal de Brasília, 03 abr. 2014. Disponível em: <https://processual.trf1.jus.br/consulta Processual/processo.php?proc=00246322220144013400&secao=T RF1&pg=1&enviar=Pesquisar>. Acesso em: 01 dez. 2017.

Conceito de Saúde segundo OMS / WHO. Disponível em: < http: //cemi.com.pt/2016/03/04/conceito-de-saude-segundo-oms-who/ >. Acesso em: 01 dez. 2017.

CRISTALDO, Heloisa. **Pacientes crônicos relatam dificuldades no acesso a medicamentos.** Disponível em: < http:// agenciabrasil.ebc.com.br/geral/noticia/2017-09/pacientes-cronicos-relatam-dificuldades-no-acesso-medicamentos>. Acesso em: 01 dez. 2017.

DUARTE, Luciana Gaspar Melquíades. **Possibilidades e limites do controle judicial sobre as políticas públicas de saúde:** um contributo para a dogmática do direito à saúde. Belo Horizone: Fórum, 2011, 389 p.

DWORKIN, Ronald. **Levando os direitos a sério:** uma crítica hermenêutica ao protagonismo judicial. Trad. Nelson Boeira. São Paulo: Martins Fontes, 2002.

_____. **O império do direito**. Tradução de Jefferson Luiz Camargo. Revisão técnica Gildo Sá Leitão Rios. 2ª ed. São Paulo: Martins Fontes, 2007.

FCM, Faculdade de Ciências Médicas. **Quais são as fases da pesquisa clínica?** Disponível em: <https://www.fcm.unicamp.br/fcm/cpc-centro-de-pesquisa-clinica/pesquisa-clinica/quais-sao-fases-da-pesquisa-clinica>. Acesso em: 01 dez. 2017.

GALLI, Marcelo. **Proibir liminar para tratamentos experimentais reduziria aventuras**. Disponível em: <https://www.conjur.com.br/2015-set-30/entrevista-ivo-teixeira-jr-sindicato-brasiliense-hospitais>. Acesso em: 11 abr. 2018.

HESSE, Konrad. **A força normativa da Constituição**. Tradução de Gilmar Ferreira Mendes. Porto Alegre: Sergio Antonio Fabris, 1991, 39 p.

HOLMES, Stephen; SUNSTEIN, Cass. **The Cost of Rights- Why Liberty Depends on Taxes**. New York and London: W. M. Norton, 2000.

JUSTEN FILHO, Marçal. **Curso de direito administrativo**. São Paulo: Saraiva. 2006.

_____. Empresa, Ordem Econômica e Constituição. **Revista de direito administrativo**. Rio de Janeiro, n. 212, abr./jun. 1998, p. 118.

KLATT, Matthias; MORITZ, Meister. A máxima da proporcionalidade: um elemento estrutural do constitucionalismo global. Tradução de João Costa Neto. **Observatório da jurisdição constitucional**. Ano 7, n° 1, jan./jun. 2014. ISSN 1982-4564.

_____. Positive rights: who decides? Judicial review in balance. **Oxford University Press and New York University School of Law**. Vol. 13, n° 2, 354-382. 2015.

MARASCIULO, **Marília. Todos por um? Juízes discutem se Estado deve comprometer o minguado orçamento da saúde para fornecer tratamentos de alto custo a pacientes com doenças raras**. Disponível em :<https://revistagalileu.globo.com/ Revista/noticia/2017/03/ todos-por-um.html>. Acesso em: 01 dez. 2017.

OLIVEIRA, L. A.. A Cura do Câncer, a Droga Experimental (Fosfoetanolamina Sintética) e suas Implicações Legais e Jurídicas. **Revista Síntese Direito Administrativo**, v. 121, p. 98-106, 2016.

PIOVEZAN, Stefhanie. **Pacientes pedem na Justiça que USP forneça cápsula de combate ao câncer**. Disponível em: < http:// g1.globo.com/sp/sao-carlos-regiao/noticia/2015/08/pacientes-pede m-na-justica-que-usp-forneca-capsula-de-combate-ao-cancer.html >. Acesso em: 01 dez. 2017.

REVISTA CONSULTOR JURÍDICO. **Juíza federal manda USP e União fornecerem "cápsula contra o câncer"**. Disponível em: <https://www.conjur.com.br/2016-fev-08/juiza-federal-manda-usp-uniao-fornecerem-capsula-cancer#top>. Acesso em: 11 abr. 2018.

RODAS, Sérgio. **Fachin defende liberação de droga para câncer, mas aponta necessidade de testes**. Disponível em: < https://www.conjur.com.br/2015-out-20/fachin-defende-liberacao - droga-cancer-teste-clinico>. Acesso em: 11 abr. 2018.

SALGADO, Joaquim Carlos. Princípios hermenêuticos dos direitos fundamentais. **Revista da Faculdade de Direito da UFMG**. Belo Horizonte, n. 39, p. 245-266, jan./jun. 2.001.

SARLET, Ingo Wolfgang. Algumas considerações em torno do conteúdo, eficácia e efetividade do direito à saúde na Constituição de 1988. **Panóptica**, Vitória, ano 1, n. 4, dez. 2006, p. 1-22. Disponível em: <http://www.panoptica.org>. Acesso em: 30 jan. 2018.

SILVA, José Afonso da. **Curso de direito constitucional positivo**. São Paulo: Malheiros Editores, 30ª Ed, 2009, p. 110.

TOLEDO, Cláudia. **Justiciabilidade dos direitos fundamentais sociais e conflitos de competência**. Disponível em: <http://www.academia.edu/30039270/Justiciabilidade_dos_Direito s_Fundamentais_Sociais_e_Conflito_de_Compet%C3%AAncias>. Acesso em: 16 dez. 2017.

_____. **Mínimo existencial: a construção de um conceito e seu tratamento pela jurisprudência constitucional brasileira e alemã**. Disponível em: <http://pidcc.com.br/artigos/012017 /062017.pdf>. Acesso em: 01 dez. 2017.

VARGAS, Mateus. **Ricardo Barros faz cruzada contra exigência do próprio Ministério da Saúde.** Disponível em: < https://www.jota.info/saude/ricardo-barros-faz-cruzada-contra-exigencia-do-proprio-ministerio-da-saude-13032018>. Acesso em: 16 mar. 2018.

LISTA DE TABELAS

Tabela 01 – Decisões atinentes aos tratamentos experimentais no âmbito do Supremo Tribunal Federal..81

LISTA DE ABREVIATURAS E SIGLAS

ADCT	Ato das Disposições Constitucionais Transitórias
ADI	Ação Direta de Inconstitucionalidade
ANVISA	Agência Nacional de Vigilância Sanitária
CEP	Comitê de Ética em Pesquisa
CNJ	Conselho Nacional de Justiça
CNS	Conselho Nacional de Saúde
CONEP	Comissão Nacional de Ética em Pesquisa
DDR	Declaração de Detentor do Registro
EC	Emenda Constitucional
IPCA	Índice Nacional de Preços ao Consumidor Amplo
OMS	Organização Mundial da Saúde
RDC	Resolução da Diretoria Colegiada
RENAME	Relação Nacional de Medicamentos Essenciais
STA	Suspensão de Tutela Antecipada
STF	Supremo Tribunal Federal
SUS	Sistema Único de Saúde
THC	Tetraidrocanabinol
USP	Universidade de São Paulo

Mestra e graduada em Direito pela Universidade Federal de Juiz de Fora. Durante a graduação, participou como bolsista de projetos de Iniciação Científica, relacionados à biotecnologia e aos direitos humanos. Foi monitora de Direito Processual do Trabalho durante um ano, além das experiências de estágio em diversos órgãos públicos - Ministério Público Federal, Ministério Público Estadual, Tribunal de Justiça de Minas Gerais e Procuradoria do Município de Juiz de Fora.

Como mestranda do curso de Direito e Inovação da Faculdade de Direito, ministrou aulas de Teoria Geral de Direito Administrativo na função de estagiária docente por dois semestres, sob orientação da professora Luciana Gaspar Melquíades Duarte. Também integrou o grupo de pesquisa "Atual Judiciário - Ativismo ou Atitude: judicialização da política e politização do judiciário".

www.ingramcontent.com/pod-product-compliance
Lightning Source LLC
Chambersburg PA
CBHW071257220526
45468CB00001B/174